# HABSBURGER
# SAMMELSURIUM

*Die Habsburger auf der Himmelsleiter ...
... vermutliche Destination: Asteroid (85199) „Habsburg".
Entdeckt: 3. Oktober 1991, Durchmesser: 3 km, Dauer einer
Sonnenumrundung: 3,3 Jahre, Durchschnittsgeschwindigkeit
72.000 km/h, kleinster Abstand zur Erde: 148 Millionen Kilometer.
Miniatur aus dem so genannten „Mennel-Meister", 1518/21.*

Harald Havas

# HABSBURGER SAMMEL SURIUM

Pichler Verlag

Gewidmet
meinen aus allen Teilen der Monarchie stammenden Vorfahren
insbesondere meinem Budapester Vater
sowie meinen drei Herzensdamen
und hier vor allem der jüngsten, Milou, die schon im zarten Alter
von zwei Monaten die Kaiserappartements in der Wiener Hofburg
besuchte und alldort höchstselbst vortrefflichst dejeunierte
sowie
in memoriam Hans Bankl, dem – meiner Meinung nach – ersten
Autor eines „Habsburger Sammelsuriums".

*Dank an: Univ.-Prof. Dr. Manfred Fischer (Botanik, Wien), Univ.-Prof. Dr. Wolfgang Waitzbauer (Biologie, Wien), Silvia Groniewicz, Friedrich Trieblnig, Nanete und Michael Desser, Nicole Kolisch, Dr. Beate Reim, Frederick Lendl, Dietmar Unterkofler und Johannes Sachslehner*

# KARL HABSBURGS MIKROWELLE

Mein bislang einziger persönlicher Kontakt zu einem Mitglied des Hauses Habsburg fand im Herbst des Jahres 1991 statt.
Ich war damals Kandidat der kurzlebigen ORF-Vorabend-Quizsendung „Who is who?", die – heute weitgehend vergessen und wohl auch aus seiner offiziellen Vita gestrichen – von Kaiserenkel Karl Habsburg moderiert wurde.
Abgesehen von seiner etwas steifen Haltung und vielleicht etwas abgehackten Bewegungen kann ich über diese Begegnung nur Positives berichten. Herr Habsburg war sehr freundlich und angenehm in der Konversation und hat seine Sache auch nicht schlechter gemacht als so manch anderer heute im Fernsehen professionell Tätige.
Ich kam als Kandidat damals übrigens ins Semifinale, wo ich (vor allem, da der Monitor mit den Fragen für meine Dioptrien ein wenig zu weit weg stand) ehrenvoll ausschied.
Dafür gewann ich einen Sachpreis in Form eines überdimensionalen und eher für die Gastronomie gedachten Mikrowellenherdes im Werte von damals ca. 15.000 öS (etwa 1100 Euro). Leider war dieser Herd bei weitem zu groß für meine Küche. Ich konnte ihn allerdings nach einigen Monaten unbenutzt für etwas weniger als die Hälfte des Wertes an die WG eines Freundes verkaufen. Immerhin.
Ansonsten sind meine Beziehungen zum Hause Habsburg neutral – ich fühle wie viele Österreicher ab und zu eine völlig ungerechtfertigte Monarchie-Nostalgie und erzähle mit ebenfalls völlig ungerechtfertigtem Stolz gerne – insbesondere aus dem fremdsprachigen Ausland stammenden – Gästen, dass Österreich einmal halb Europa umfasste und jahrhundertelang eine der wichtigsten Mächte der Welt war; was noch nicht mal 100 Jahre später erstaunlich wenig Leute wissen.
Was ich sonst noch über die Habsburger und alles, was mit ihnen zusammenhängt, weiß, steht in diesem Buch.
Da die Namen vor allem der Herrscher immer wieder vorkommen und nicht jedes Mal mit Jahreszahlen erläutert werden, findet sich auf den nächsten zwei Seiten ein Stammbaum der habsburgischen Kaiser und Könige.
Gegen Ende des Buches findet sich außerdem ein kurzer Überblick über die „handelnden Personen" und gut 1000 Jahre Habsburger-Geschichte – für Einsteiger sowie alle, die ihr Schulwissen so gut wie vergessen haben.

Übrigens: Wussten Sie, dass der Ort *Habsburg* im Schweizer Kanton Aargau im Jahr 2000 exakt 368 Einwohner zählte? Eben.

*Harald Havas*

## DIE HABSBURGISCHEN HERRSCHER

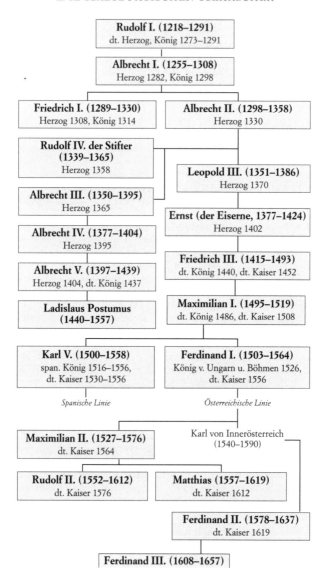

**Rudolf I. (1218–1291)**
dt. Herzog, König 1273–1291

**Albrecht I. (1255–1308)**
Herzog 1282, König 1298

**Friedrich I. (1289–1330)**
Herzog 1308, König 1314

**Albrecht II. (1298–1358)**
Herzog 1330

**Rudolf IV. der Stifter (1339–1365)**
Herzog 1358

**Leopold III. (1351–1386)**
Herzog 1370

**Albrecht III. (1350–1395)**
Herzog 1365

**Ernst (der Eiserne, 1377–1424)**
Herzog 1402

**Albrecht IV. (1377–1404)**
Herzog 1395

**Friedrich III. (1415–1493)**
dt. König 1440, dt. Kaiser 1452

**Albrecht V. (1397–1439)**
Herzog 1404, dt. König 1437

**Maximilian I. (1495–1519)**
dt. König 1486, dt. Kaiser 1508

**Ladislaus Postumus (1440–1557)**

**Karl V. (1500–1558)**
span. König 1516–1556,
dt. Kaiser 1530–1556

**Ferdinand I. (1503–1564)**
König v. Ungarn u. Böhmen 1526,
dt. Kaiser 1556

*Spanische Linie*

*Österreichische Linie*

**Maximilian II. (1527–1576)**
dt. Kaiser 1564

Karl von Innerösterreich
(1540–1590)

**Rudolf II. (1552–1612)**
dt. Kaiser 1576

**Matthias (1557–1619)**
dt. Kaiser 1612

**Ferdinand II. (1578–1637)**
dt. Kaiser 1619

**Ferdinand III. (1608–1657)**

# Die Habsburgischen Herrscher

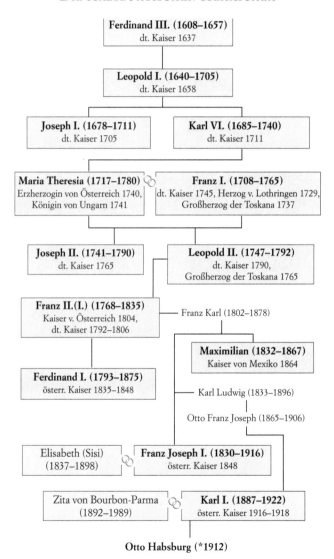

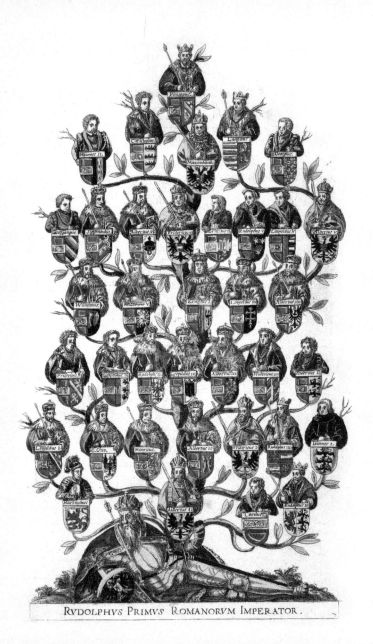

RVDOLPHVS PRIMVS ROMANORVM IMPERATOR.

## Zum Guten Beginn 1

### Mein Österreich

Hoch vom Erzgebirg, wo der Bergmann haust,
Bis zum Karstgebiet am Meeresstrand;
Und vom Bodensee, wo der Rheinstrom braust,
Bis zum Goldland am Karpatenrand:
|: Dieses schöne Reich, einem Garten gleich,
Ist mein Vaterland, mein Österreich. :|

> Wo sich See an See in den Bergen reiht
> Und die Donau Feld und Au durchrauscht;
> Wo der Obstbaum prangt, edler Wein gedeiht
> Und der Hochwald Gottes Odem lauscht:
> |: Dieses schöne Reich, einem Garten gleich,
> Ist mein Vaterland, mein Österreich. :|

Wo der Adler thront hoch im Felsenhorst,
Über Stock und Stein die Gemse springt,
Wo der Weidmann pirscht durch den grünen Forst
Und die Älplerin zur Zither singt:
|: Dieses schöne Reich, einem Garten gleich,
Ist mein Vaterland, mein Österreich. :|

> Wo ein freies Volk an die Arbeit geht,
> Seinen Mut bewahrt in Glück und Not;
> Wo der Liebe Hauch jedes Herz durchweht
> Für den Landesvater und für Gott:
> |: Dieses große Reich, stark und schön zugleich,
> Ist mein Vaterland, mein Österreich. :|

(Text: W. Wenhart, Melodie nach: *Hoch vom Dachstein*)

## Zum Guten Beginn 2

„Süd und Nord, West und Ost – die Reize aller Zonen haben sich vereinigt, unser Heimatland auszustatten mit den wirksamsten Schönheitskontrasten der merkwürdigsten landschaftlichen Gegensätze. In keinem zweiten Lande Europas vollzieht sich namentlich der Übergang aus nordischem Grau zu südlichen Sonnenzauber derart traumhaft wie in Österreich. Über Nacht entfliehen wir dem nordischen Nebel, über Nacht durcheilen wir die auf den Alpenhöhen thronende Polarwelt der Gletscher und Firnfelder, über Nacht wird es Frühling, halten wir Einzug in die strahlenden Wonnen hesperischer Lüfte, begrüßt uns der

Anblick im Seewinde sich wiegender Palmen, die Unendlichkeit azurner Meereshorizonte."

(aus Mein Österreich – Mein Heimatland, 1915)

## WIE HIESSEN DIE HABSBURGER, BEVOR SIE HABSBURGER HIESSEN?

In frühen Urkunden findet sich der Name Habsburg in durchaus unterschiedlichen Schreibweisen:

>    *Havichsberch* (1108)
>    *Havekhesperch* (1150)
>    *Habisburch* (1213)
>    *Habsburc* (1238/39).

Zum ersten Mal nannte sich Graf Otto II., der Enkel Ratbots, um 1100 „Graf von Habsburg". 1108 bezeichnete sich das ganze Geschlecht erstmals als „von Habsburg".
Benannt wurde die Familie jedenfalls nach ihrem im Schweizer Aargau errichteten Stammsitz, der so genannten „Habichtsburg". Der vermutliche Erbauer des Schlosses, Ratbot, soll dieses der Legende nach bei einem Jagdausflug so getauft haben, als sich sein (zu den Habichtvögeln gehörender) Jagdfalke im Wald verflog. Er wurde erst gegen Abend ganz oben auf dem Berg gefunden. Ratbot blickte über das Aaretal, fand, es wäre hier ein schöneres Wohnen als im Tal, besorgte sich Geld von seinem Bruder, dem Bischof von Strassburg, ließ die Anhöhe roden und erbaute sein Schloss. So gesehen könnte das Haus Habsburg auch zu Recht „Falkenburg" genannt werden.
Als wahrscheinlicher gilt aber, dass der Name von einer alten Schifflandestelle (altdeutsch *haw* oder *hab*) im nahe gelegenen Altenburg stammt. Dann wären die Habsburger eigentlich „Hafenburger".

Interessant ist aber auch die Frage, wie die Habsburger eigentlich *vor* der Errichtung der Habsburg hießen. Allgemein gilt Guntram der Reiche als der Stammvater der Familie. Wenn er, wie einige Quellen vermuten, mit einem 952 urkundlich erwähnten elsässischen Grafen gleichen Namens identisch ist, dann stammen die Habsburger von der fränkischen Herzogenfamilie der „Etichonen" ab.

## — Stammvater Mohammed —

Abgesehen von den erfundenen und fantastischen Stammbäumen, die etwa Kaiser Maximilian I. konstruieren ließ, stammen die Habsburger – genealogisch einwandfrei nachweisbar – tatsächlich von einigen hochinteressanten Geschlechtern ab.

So sind sie über andere Adelsfamilien wie den
- georgischen Bagratiden, die unter anderem von den altpersischen Sassaniden und Ursakiden abstammen, über letztere in weiterer Folge (über mongolische Ehen) mit den altchinesischen Herrschern verwandt,
- über die „Mutterlinie" Maria Theresias direkt mit mongolischen Olovcerfürsten und
- über die Jagiellonen und den Rurikiden mit tatarischen Fürsten und somit sogar mit Dschingis Khan selbst.

Und da Johanna „die Wahnsinnige", die den Habsburger Philipp „den Schönen" (gest. 1506) heiratete, über
- die katholischen Könige Spaniens auch unter anderem von einem
- portugiesischen Prinzen abstammte, dessen Großeltern
- Alfons VI. von Kastilien und eine gewissen Ximene waren, welche indes die Tochter von Kalif Abdu'r-Rahman Abbad al Mu'tadid (gest. 1069) war, der seinerseits von der
- arabischen Fürstenfamilie der Ummayaden abstammte, die wiederum eine lückenlose Abstammung vom Propheten selbst nachweisen konnte, stammen auch alle späteren Habsburger direkt von Mohammed, dem Begründer des Islam, gestorben 632 in Medina, ab.

Andererseits zählen zu den leiblichen, katholischen Vorfahren der Habsburger – Zölibat hin oder her – auch folgende Päpste: Innozenz VIII., Alexander VI. und Paul III. (über „natürliche Kinder") sowie Felix V. (über „legitime Deszendenz".)

## Schönbrunn rules

Im Jahr 2004 landete das Schloss Schönbrunn mit 2.216.000 Besuchern auf Platz 1 unter den am meisten besuchten Sehenswürdigkeiten Wiens.
Auch auf den weiteren Plätzen ging es recht habsburgisch zu. 18 der ersten 30 Plätze lassen sich direkt oder indirekt (errichtet, angeregt, bestückt) der ehemaligen Monarchie zurechnen.

## Österreichs „einzige Kolonie"?
### Teil 1

Das Franz-Joseph-Land (russisch: *Semlya Franza-Iossifa),* eine Inselgruppe im Nordpolarmeer im Nordwesten Russlands (80° 38' 21" nördliche Breite, 55° 33' 12" östliche Länge, nördlich der großen Doppelinsel Nowaja Semlja), wird fälschlicherweise gerne als Österreichs „einzige Kolonie" bezeichnet.
Tatsache ist, dass das Gebiet (genauer gesagt die Gallia-Insel) durch die österreichisch-ungarische Nordpolexpedition (1872–74) unter der Leitung von Julius von Payer und Carl Weyprecht am 30. August des Jahres 1873 entdeckt und nach dem regierenden Kaiser benannt wurde. Die Stelle der Erstentdeckung wurde nach dem Namen des Expeditionsschiffes „Admiral Tegetthoff" Kap Tegetthoff *(mys Tegetchof,* 80° 05' nördliche Breite, 58° 01' östliche Länge) genannt. Hier wurde 1898–1899 während einer weiteren Expedition auch ein Gedenkstein errichtet.
Es handelte sich dabei um die erste große Landentdeckung im europäischen Bereich der Arktis seit 277 Jahren. Die Forscher drangen während dieser Expedition mit Schlitten bis über den 82. nördlichen Breitengrad hinaus.
Da das Expeditionsschiff allerdings im Winter 1872/73 von den Eismassen eingeschlossen wurde, musste die eigentlich für eine längere Dauer geplante Mission aufgegeben werden und die Forscher begaben sich auf eine gefährliche Rückreise mit Schlitten und Booten über das Packeis.
Allgemein bekannt wurde das Franz-Joseph-Land in der Öffentlichkeit durch das Buch *Die österreichisch-ungarische Nordpolexpedition in den Jahren 1872–74* (1876), verfasst von Julius von Payer, der seine Erinnerungen und Eindrücke auch in Gemälden dokumentierte – die einzigen, die je ein Polarforscher selbst von seinen Reisen angefertigt hat.
Diese Nordpolexpedition war ein wesentlicher Beitrag zur damals gerade intensiv einsetzenden Polarforschung. Zwischen 1880 und 1905 fanden zahlreiche weitere Expeditionen zu dieser Inselgruppe statt, so

etwa durch den Norweger Fridtjof Nansen. 1926 wurde der Archipel durch einen militärischen Handstreich von der Sowjetunion annektiert und gehört heute zum russischen *Oblast* (Verwaltungsbezirk) Archangelsk.

Das Kap Fligeli *(mys Fligeli)* auf der Rudolf-Insel ist der nördlichste Landpunkt Europas (81° 51' n. Br.) und nur etwa 900 km vom Nordpol entfernt. Näher am Nordpol liegen überhaupt nur noch die Nordspitze Grönlands und die Ellesmere-Insel (Kanada). Allerdings wird das Franz-Joseph-Land manchmal irrtümlich zu Asien gezählt.

Die Gesamtfläche der – je nach Quelle 187 oder 191 – Inseln beträgt 16.090 km² (also in etwa die Größe der Steiermark). Die größte Insel ist das Georgland. Die Inseln sind vulkanischen Ursprungs und zu über 80 Prozent auf Dauer eisbedeckt. Die höchste Erhebung ist 620 m hoch und liegt auf der Wiener-Neustadt-Insel. Die Temperaturen bewegen sich im Durchschnitt zwischen +2 °C im Sommer und –22 °C im Winter.

Zur Zeit der Monarchie waren die Inseln, abgesehen von zeitweilig besetzten Forschungsstationen, nur von folgenden kaiserlichen Subjekten bewohnt:

Walrosse, Seehunde, Polarfüchse, Eisbären, Meeresvögel (Lummen, Krabbentaucher, verschiedene Möwenarten) sowie einige Insektenarten.

Es gibt mittlerweile auch organisierte Reisen nach Franz-Joseph-Land (etwa auf: www.northpolevoyages.com).

*Julius Payer, der Nordpolfahrer*

## Böhmische Kleinstadt mit Weltruhm

Nicht unbedeutend für die österreichische Geschichte ist die nordböhmische Kleinstadt Zákupy. Besser bekannt unter dem Namen Reichstadt und bis 1945 hauptsächlich von deutschsprachigen Bürgern bewohnt, war sie öfters mit dem Schicksal der Habsburger verwoben:
– Das vor 1306 erbaute Schloss kam 1805 in den Besitz von Franz II. (I.).
– Dieser überschrieb es aus politischen Gründen seinem Enkel (und zugleich dem Sohn Napoleons), damit dieser den Titel „Herzog von Reichstadt" führen konnte.
– Nach seiner Abdankung lebte Kaiser Ferdinand I. ab 1848 hier und verwaltete die Güter ausgesprochen Gewinn bringend, was ihn zum reichsten Habsburger seiner Zeit und später Kaiser Franz Joseph zu einem reichen Erben machte.
– 1900 heiratete hier Thronfolger Franz Ferdinand seine (nicht standesgemäße) Braut Sophie Gräfin von Chotek.
– Und 1851 wurde in Reichstadt die erste Freiwillige Feuerwehr der Donaumonarchie gegründet.

## Keine Kaiserin

Streng genommen war Kaiserin Maria Theresia nicht „Kaiserin". Zwar schon in derselben Bedeutung wie „Kaiserin Elisabeth" oder „Kaiserin Zita", nämlich als Gemahlin des Kaisers, in ihrem Fall Franz I. Stephans von Lothringen, aber nicht im Sinne legitimierter Herrschaft.
Denn die von ihrem Vater Karl VI. erlassene „Pragmatische Sanktion" erlaubte zwar die Fortführung der Herrschaft durch eine Frau, aber keine weibliche Thronfolge. Obwohl eher „Frau Kaiser", nannte sich Maria Theresia selbst gerne „römisch-deutsche Kaiserin" – dass sie es aber nicht wirklich war, kann man bereits an der schlichten Tatsache erkennen, dass ihrem Namen keine römische Ziffer folgt.
Ihr so genanntes „großes Wappen" zeigt die im großen Majestätstitel angeführten Besitzungen, unter anderem war sie tatsächlich Königin von Ungarn (1741) und Böhmen (1743). Der Doppeladler ist jedoch ohne Szepter, Schwert und Reichsapfel dargestellt, diese Attribute kommen nur dem Kaiser zu. Und der musste – von Gottes Gnaden – natürlich ein Mann sein.
Regiert hat die „Schwiegermutter Europas" allerdings schon, während sich ihr kaiserlicher Gatte mehr seinen Hobbys, wie den Naturwissenschaften und der Alchemie, widmete. Und auch nach seinem Tod war sie – gemeinsam mit ihrem Sohn Joseph II. – unangefochtene Regentin ihres Reiches.

—— Einige Filme ... ——

Filme mit oder über Kronprinz Rudolf beziehungsweise über die Mayerling-Tagödie

| Jahr | Name | Land | Regie | Rudolf |
|---|---|---|---|---|
| 1912 | „The Heir Apparent" | (USA) | ? | George Lessey |
| 1914 | „With Serb and Austrian" | (USA) | ? | Ralph Stuart |
| 1919 | „Mayerling" | | Hans-Otto Löwenstein | ? (verboten und nie gezeigt) |
| 1921 | „Kaiserin Elisabeth von Österreich" | (D) | Rolf Raffé | Max Landa |
| 1924 | „Tragödie im Hause Habsburg" | (D) | Alexander Korda | Rudolf: Arthur Bergen |
| 1925 | „Leibfiaker Bratfisch" | (Ö) | Hans-Otto Löwenstein | ? |
| 1928 | „Das Schicksal derer von Habsburg" | (D) | Rolf Raffé | Alfons Fryland |
| 1931 | „Elisabeth von Österreich" | (D) | Adolf Trotz | Ekkehard Arendt |
| 1936 | „Mayerling" | (F) | Anatole Litvak | Charles Boyer |
| 1940 | „De Mayerling à Sarajevo" | (F) | Max Ophüls | ? |
| 1948 | „Der Engel mit der Posaune" | (Ö/D) | Karl Hartl | Fred Liewehr |
| 1949 | „Le secret de Mayerling" | (F) | Jean Delannoy | Jean Marais |
| 1950 | „The Angel with the Trumpet" | (GB) | Anthony Bushell | Norman Wooland |
| 1955 | „Mayerling: Kronprinz Rudolfs letzte Liebe" | (D) | Rudolf Jugert | Rudolf Prack |
| 1968 | „Mayerling" | (F/GB) | Terence Young | Omar Sharif |
| 1974 | „Fall of Eagles" (TV) | (GB) | div. (BBC telefilm) | ? |
| 1975 | „Vizi privati, pubbliche virtù" | (I/YU) | Miklós Jancsó | Lajos Balázsovits |
| 2006 | „Copying Beethoven" | | Agnieszka Holland | Nicholas Jones |
| 2006 | „Rudolf" (TV) | (Ö/F/D/I) | Robert Dornhelm | Max von Thun |

## Wie das Österreichische Wappen auf den Kemptner Taler kam

„Kempten, eine gar alte Reichs-Stadt im Allgöw, an dem Iler-Fluß, zwischen Memmingen, Yßni, Leutkirch und Kaufbeuren gelegen, hat von dem kleinen vorbeyfließenden Wassr Kamp ihren Nahmen, und vom K. Maximilian zu Augspurg, A. 1510, den 14. Julii in einem Brief Erlaubnüß bekommen, güldin und silbrin Müntz, nehmlich Rheinisch Güldin, auf der Churfürten am Rhein-Strom Korn, Grad, Gehalt, und Gewicht, und silbrin Müntz, nehmlich daß drey einen Güldin Rheinisch, und der Rollen-Patzen einer vier Kreutzer, und zwey Kreutzer, und dann Pfenning und Heller, alles nach der Wehrung, so itzo gangbar, und in dem Werth und Güte, wie andere Städte um sie herum, zu müntzen und zu schlagen.

Auf der einen Seite der goldnen Müntze, solte stehen das heilige Reich, mit der Umschrift: *Moneta nova aurea Civitatis Campidunens*.

Und auf der anderen Seite, sant Mangen Bildnüß, und der Schrifft: *SANTVS MAGNVS EPISCOPVS*.

Dieweil aber in dieser Freyheit, der Kayser nur gesagt hatte, was sie auf die Rheinischen Güldin schlagen solte, von der silbern Müntz aber kein Anzeichen gethan hatte, so vergönte er ihr in einem andern zu Costentz den 16. Octobris in eben diesem Jahre gegebenen Brief, daß sie nun hinfür auf digkh Silberin Pfenning, der drey einen Guldin Rheinisch gelten, auf der einen Seiten das heilge Rheichs, und unter dem Schwantz des Adlers, das Stadt-Schild, mit der Umschrifft: *Nummus novus Civitatis Campidunensis* mit der Jahreszahl, und auf der andern Seite, des Hochgebohrnen Carolen, Erz-Hertzogen zu Oesterreich, Printzen zu Hispanien, seines lieben Suns und Fürsten Brustbild, in seinen Harnisch, mit der Umschrifft: *Carolus, Archidux Austriae, Dux Burgundiae*; und dann auf die Rollen-Patzen, deren einer vier Kreutzer gelten und werth seyn solle, auf der einen Seiten auch das heilig Reich, mit der Uberschrifft: *Moneta nova Civitatis Campidunens*.

Und dann auf der andern Seiten drey Schildlein, mit Nahmen Oesterreich, Burgund und der Grafschafft Tyrol, mit einem Erz-Hertzogen Huthe oben drauf stehend, mit der Umschrifft: Carolus Archidux Austriae, Dux Burgundiae schlagen könten.

Aus diesem Privilegio ersieht man nun, warum die Oesterreichischen Wäpplein auch auf diesem Thaler vorkommen."

Aus: *Historische Müntz-Belustigung, (…) darinnen allerhand merkwürdige und rare Thaler / Ducaten / Schaustücke / Klippen und andere sonderbahre Gold- und Silbermünzen … accurat in Kupfer gestochen, beschrieben und erkläret werden.* Ausgabe vom 28. Mai 1738 der von 1729 bis 1750 erschienen Wochenschrift des Göttinger Professors Johann David Koehler (1684-1755).

## Kaiserliche Kupplerin

Johanna Wolf, offiziell „Weißnäherin", belieferte als „Madame" im Wien des 19. Jahrhunderts den in- und ausländischen Adel mit willigen Mädchen.
Unter ihren Kunden befanden sich unter anderem:
– Kronprinz Rudolf
– der spätere deutsche Kaiser Wilhelm II.
– der spätere englische König Edward VII.

## Frechheit siegt

Der österreichische bzw. habsburgische Exklusiv-Adelstitel „Erzherzog" ist, obzwar weltweit bekannt und in viele Sprachen übersetzt (*Archidux, Archduke, Archiduque* etc.), kein altehrwürdiger, sondern ein aus politischen Gründen im späten Mittelalter durch eine (plumpe) Fälschung erfundener Begriff.
Es war Herzog Rudolf IV., genannt „der Stifter" (1339–1365), der zur Erweiterung seiner Macht und zum Ausbau der Bedeutung Österreichs (und Wiens) gleich einen ganzen Stapel Dokumente fälschen ließ. Unter anderem „erschlich" er auch für Wien einen Bischofssitz – leistete aber auch faktisch etwas, wie den Ausbau des Stephansdoms und die Gründung der Wiener Universität.
Da die „Goldene Bulle" Karls IV. (1356) festlegte, welche Reichsfürsten („Kurfürsten") den Kaiser wählen durften, Österreich bei dieser wichtigen Position allerdings nicht berücksichtigt wurde, ließ Rudolf das *Privilegium maius* herstellen, in dem er für österreichische Herrscher den Namen „Pfalzerzherzog" herbeifabulierte, was sie den Kurfürsten gleichstellen sollte.
An den Anfang setzte er das schöne Motto: AUSTRIA COR ET CLIPEUS SACRI ROMANI IMPERII („Österreich, Herz und Schild des Heiligen Römischen Reiches").
Kaiser Karl IV., Rudolfs Schwiegervater, erkannte das Dokument aber nicht an. Herzog Ernst der Eiserne (1377–1424) war der Erste, der sich tatsächlich Erzherzog nannte. Als mit Friedrich III. (1415–1493), einem Sohn von Ernst, 1452 erstmals ein Habsburger Kaiser wurde, nutzt dieser seine Position gleich dafür, die Fälschung 1453 für gültiges Recht zu erklären.
Seitdem heißen alle Habsburger Fürstensöhne „Erzherzog" und alle Töchter „Erzherzogin" und Österreich wurde zum „Erzherzogtum". In den meisten Fällen deckt sich die Wertigkeit dieser Bezeichnung mit dem Rang eines „Prinzen" oder einer „Prinzessin" in anderen Ländern; deswegen gab es auch nie österreichische Prinzen oder Prinzessinnen.

Rudolf, „der Fälscher", wie man richtigerweise sagen könnte, wird auf dem einzigen authentischen Porträt, das von ihm erhalten geblieben ist, mit einer Erzherzogskrone dargestellt – doch diese gab es damals gar nicht! Erst 1616 wurde die ab da „gültige" österreichische Krone, der so genannte „Erzherzogshut", im Auftrag Maximilians III., des Statthalters von Tirol, angefertigt und bis ins Jahr 1835 zur Kaiserkrönung, der so genannten „Erbhuldigung", verwendet.
Obwohl der Titel Erzherzog, wie alle anderen österreichischen Adelsprädikate, 1919 abgeschafft wurde, findet er inoffiziell natürlich weiterhin Verwendung.

## —— Flatterhafte Erzherzöge ——

Die „Erzherzöge" („Archdukes", *Lexias*) sind eine Gattung von vor allem in Südostasien und im australischen Raum verbreiteten Schmetterlingen mit einer maximalen Flügelspannweite von ca. 10 cm. Sie gehören zur Familie der *Nymphalidae* (beziehungsweise Ritter- oder Edelfalter) und sind mit den Gattungen *Tanaecia* („Viscounts" und „Earls") und Euthalia („Barons" und „Counts") verwandt.
Viele Erzherzogs-Arten werden für den Handel gezüchtet. Die meisten sind sehr farbenprächtig, wobei die Weibchen und Männchen mancher Arten extrem unterschiedlich aussehen.

Folgende 17 Arten von „Erzherzögen" gibt es:

*Lexias acutipenna*
*Lexias aegle*
*Lexias albopunctata*
*Lexias canescens*
*Lexias damalis*
*Lexias elna*
*Lexias immaculata*
*Lexias pardalis*
*Lexias satrapes*

*Lexias aeetes*
*Lexias aeropa*
*Lexias bangkana*
*Lexias cyanipardus*
*Lexias dirtea*
*Lexias hikarugenzi*
*Lexias panopus*
*Lexias perdix*

## —— Servietten, gefaltet ——

Für den kaiserlich-königlichen Tisch Franz Josephs gab es mehrere Arten die Servietten zu falten. Eine Art der Faltung gebührte dem Kaiser allein. Sie benötigte eine 90 mal 90 cm messende Serviette; das Ergebnis glich einer Krone. Diese Faltung gilt als Geheimnis und wird heute nur mehr von zwei Angestellten der Hofburg beherrscht. Zur Anwendung kommt sie – ganz demokratisch – nur mehr bei Diners des Bundespräsidenten.

## Habsburg im Aargau

Das Schweizer Dorf Habsburg (Politische Gemeinde Aargau, Bezirk Brugg) ist ein kleines Haufendorf unterhalb des Schlosses Habsburg. In frühen Urkunden wird es auch als Habesbur und Habesburch bezeichnet. Zwar lassen Funde (Keramiken aus der Bronze- und Römerzeit) auf eine alte Besiedelung schließen, als neuzeitlicher Ort entstand es wohl aber erst nach Bau der Burg oder im Zuge ihrer Errichtung. Vermutlich rodeten Nachkommen der in der Burg arbeitenden Dienstleute den Wald in der Nähe des Schlosses und ließen sich dort nieder.
Im Jahr 1529 hatte des Dorf erst vier Häuser. Noch 1960 zählte der Ort nur 126 Einwohner. Durch von der Gemeinde geförderte Bautätigkeiten expandierte der Ort ab 1971 und hielt im Jahr 2000 bei 368 Einwohnern. Seit 1984 verkehrt sogar der Postbus nach Habsburg.

## Kaiser in Österreich, heute

| | |
|---|---|
| KAISERBART | Backenbart à la Franz Joseph |
| KAISERBIRNE | (steirische) Butterbirne, auch Schnaps |
| KAISERFLEISCH | Schweinefleischprodukt, geräuchert |
| KAISERGEBIRGE | zwei Gebirgszüge der Nordtiroler Kalkalpen |
| KAISERGROSCHEN | Name für die alten österreichischen Groschen („Dreikreuzer") |
| KAISERGRUFT | Grabstätte der Habsburger (Kapuzinergruft) |
| KAISERHYMNE | die Hymne der Monarchie bis 1918 (Musik: Joseph Haydn, Text: Lorenz Leopold Haschka) |
| KAISERJÄGER | legendäres Infanterieregiment der k. u. k. Armee (seit 1816), Jahrgangsbezeichnung an der Militärakademie Wiener Neustadt |

| | |
|---|---|
| KAISERKRONEN | Zimelien der Weltlichen Schatzkammer in Wien (Reichskrone bzw. österreichische Kaiserkrone) |
| KAISERLING | seltener Speisepilz *(Amanita caesarea)* der Gattung „Wulstlinge" |
| KAISERMANTEL | Schmetterling *(Argynnis paphia)* |
| KAISERMELANGE | spezielle Melange |
| KAISERMÜHLEN | Teil des 22. Wiener Gemeindebezirks |
| KAISERQUARTETT | Streichquartett von Joseph Haydn in C-Dur (Hoboken III, Nr. 77) |
| KAISERSCHMARRN | beliebte Mehlspeise aus Eiern, Milch und Mehl |
| KAISERSCHNITZEL | spezielle Schnitzelzubereitungsart mit Karreeschnitzel (vom Schwein) |
| KAISERSCHÜTZEN | Ehrentitel der Tiroler Landesschützen |
| KAISERSEMMEL | spezielle Semmel |
| KAISERSTADT | (noch immer) Synonym für Wien |
| KAISERSTUB'N | besonders gemütliches Zimmer in vielen Gasthäusern |
| KAISERTALER | alter österreichischer Taler (Konventionstaler), geprägt ab 1753 |
| KAISERWETTER | schönes (Sommer-)Wetter |
| KAISERZEIT | Donaumonarchie |
| KAISERZIMMER | besonders schönes Zimmer in vielen Hotels |
| -KAISER | (journalistische) Verstärkung für Personen (z. B. Quoten-Kaiser, Bezirks-Kaiser) |

## —— MONARCHISCHES GLÜCKSSPIEL ——

Wie kein anderer Spielkartenhersteller setzt die Wiener Traditionsfirma Piatnik auf gekrönte Häupter. Neben fast allen anderen Königshäusern Europas finden sich natürlich auch besonders viele Habsburger als Pik-Könige, Herz-Damen oder Karo-Buben wieder.

Eine Besonderheit stellt dabei das Set „No. 213847 Kaiser Jubiläumskarten" dar. Die heutigen Karten gehen auf eine Originalausgabe aus dem Jahre 1898 zurück, in dem Kaiser Franz Joseph I. sein 50-jähriges Thronjubiläum feierte. Allerdings umweht diese Ausgabe ein Hauch des Mysteriösen – bis auf wenige Sets, alle mit ungarischem Stempel, gibt es nämlich keine mehr und sie werden in zeitgenössischen Quellen auch praktisch nicht erwähnt. Die Lösung des Rätsels liegt vermutlich in einem Schachzug des Kaiserhauses: Da man mit einigen der Darstellungen (nicht wegen der Optik, sondern eher aus Gründen der höfischen Rangordnung) nicht einverstanden war, oder die Abbildung der höchstherrlichen Monarchen auf Spielkarten für das Volk als zu gewöhnlich erachtet wurden, dürfte man sich einer besonders subtilen

Methode der Zensur bedient haben: Der Kaiser kaufte alle Karten und ließ sie einstampfen. Nur nach Ungarn, damals schon in vieler Hinsicht unabhängig, gelangten einige Sets und konnten sich so erhalten.

DIE FIGUREN SIND:

   Herz-König:    Kaiser Franz Joseph I. 1898
   Karo-König:    Kaiser Franz Joseph I. 1848
   Pik-König:     Kaiser Franz II. (I.)
   Treff-König:    Kaiser Ferdinand I.
   Herz-Königin:   Kaiserin Elisabeth
   Karo-Königin:   Erzherzogin Marie-Valerie
   Pik-Königin:    Erzherzogin Stefanie
   Treff-Königin:   Erzherzogin Gisela
   (Die Buben sind personifizierte allegorische Darstellungen der Kronländer)

*Hier einige weitere Monarchie-Pakete (alle aktuell erhältlich):*

No. 2139 Imperial
No. 2888 Habsburger Tarock
No. 2864 Vaterländisches Tarock
No. 2131 Maria Theresia
No. 2212 Sissi Bridge
No. 2193 Hispania
No. 2166 Vienna Souvenir
No. 2124 Vienna Souvenir
No. 2126 Lipizzaner
No. 2128 Hofreitschule
No. 2130 Rococo

*Einige Spiele mit Habsburgern bzw. ihrer Verwandtschaft:*

No. 2111 Tirol
No. 2115 Salzburg
No. 2127 Bavaria (mit Sissi)
No. 2137 Tudor Rose
No. 2142 France Royal (mit Marie Antoinette)
No. 2175 Romania
No. 2176 Polonia
No. 2554 Bohemia/Moravia
No. 2569 Hungaria

© Piatnik

## Stichwort: Friedrich III.

- Geboren am 21. 9. 1415 in Innsbruck
- Der erste Habsburgerkaiser
- Unter seiner Regentschaft festigte sich der habsburgische Länderkomplex. Jedoch kaum durch Krieg, sondern durch Abkommen und Verträge – er hatte Erfolg, weil er die meisten seiner Vertragspartner oder deren Erben einfach überlebte.
- Sein Hauptinteresse galt, so Zeitzeugen, Geld, Gold und Geschmeide.
- Er führte das geheimnisvolle Kürzel AEIOU – eigentlich nur als Zeichen seines persönlichen Besitzes – ein, das bis heute Rätsel aufgibt.
- Er war fasziniert von Alchemie, Botanik und Astrologie.
- Er residierte hauptsächlich in Wiener Neustadt.
- Er legitimierte den Titel „Erzherzog" und wurde wegen seines phlegmatischen Wesens auch „des Reiches Erzschlafmütze" genannt.
- Gegen Ende seines Lebens war er derart unbeliebt, dass er kleine Goldverstecke in seiner Kammer anlegte, die etwaige Finder behalten durften. Auf diese Weise sollten die Diener dazu motiviert werden, ihn überhaupt zu bedienen.
- Er besaß eine zähe Konstitution und überlebte sogar die Amputation eines Beines.
- Er wurde 78 Jahre alt, davon war er 41 Jahre lang Kaiser. Die damalige Lebenserwartung lag zwischen 20 und 30 Jahren.
- Schließlich starb er am 19. August 1493 in Linz an Durchfall, nach einer Überdosis seines Lieblingsobstes Melonen – oder aber, nach anderen Quellen, an einem Schlaganfall.
- Sein amputiertes Bein wurde mit ihm zusammen bestattet.

## Franzl und Sissi hinter Gittern

Da die Namen des seit 2003 im Tiergarten Schönbrunn heimischen chinesischen Panda-Pärchens – das Weibchen heißt Yang Yang („Sonnenschein") und das Männchen Long Hui („Drachenzeichen") – für die heimische Bevölkerung doch ein wenig zu fremdländisch klangen,

suchte der Radiosender Ö3 im Rahmen eines Wettbewerbs österreichische Kosenamen. Es gewannen die Namen „Sissi" und „Franzl" – mit der Begründung, dass die beiden Pandas ja schließlich auch in Schönbrunn leben.
Die Idee ist im Übrigen nicht so neu: In Franz Antels Film *Mein Vater, der Affe und ich* (1970) bemühen sich ein Münchner (Beppo Brem) und ein Wiener Zoo-Wärter (Paul Löwinger) redlich, das importierte bayerische Nashorn „Sissi" und das heimische Nashorn „Franz" in Schönbrunn zur Fortpflanzung zu überreden ...

## DER LETZTE RÖMISCHE KAISER UND DES TEUFELS GROSSMUTTER

Bis Anfang des 19. Jahrhunderts gab es in Europa nur einen Kaiser, den römischen, meist ein Habsburger. Aber als Napoleon sich selbst zum Kaiser der Franzosen krönte, wurde er damit zum Trendsetter. Kaiser Franz II. legte das Amt des römischen Kaisers zurück und erklärte dann auch gleich das „Heilige Römische Reich" für beendet. Um trotzdem Kaiser bleiben zu können, begründete er das österreichische Kaisertum und wurde dessen erster Kaiser, als Franz I.
Als Kaiser Franz I. Napoleon unterlag und dieser Wien besetzte und in Schloss Schönbrunn einzog, verheiratete er seine Tochter mit dem Emporkömmling, um Reich und Macht zu retten. Charles Joseph Lamoral, Prince de Ligne, bemerkte dazu:
„Es ist besser, dass eine Erzherzogin zum Teufel geht als eine ganze Monarchie."
Franzens Mutter Maria Ludovica war darüber aber nicht beglückt und bemerkte: „Alles, was mir in meinem Unglück noch gefehlt hat, war, des Teufels Großmutter zu werden."
Franz selbst war Botaniker aus Leidenschaft, überließ das schmutzige politische Geschäft seinem Staatskanzler Fürst Metternich und wurde als „Blumenkaiser" bekannt – oder auch als „Kaiser Franz, der Gute".
Er förderte die naturwissenschaftlichen Sammlungen des Kaiserhauses und begründete die so genannte „Familienfideikommissbibliothek", einen Teilbereich der heutigen Österreichischen Nationalbibliothek.

## Stichwort: Kaiser Maximilian I.

- Geboren am 22. 3. 1459 in Wiener Neustadt.
- Er nannte sich „der letzte Ritter" und inszenierte sein Leben als „Reality Show".
- Zu diesem Zweck ließ er Legenden um seine Person erfinden, schrieb selbst drei autobiografische Ritterromane und nutze den Buchdruck, um per Flugblatt in seinem ganzen Reich – auch optisch – immer präsent zu sein.
- Er festigte das habsburgische Imperium und „eroberte" per Heiratspolitik Burgund (ca. Belgien und die Niederlande) und Spanien – und begründete damit die spanische Linie der Habsburger. Der Erwerb von Böhmen und Ungarn wurde durch eine geschickt arrangierte Doppelhochzeit seiner Enkelkinder Ferdinand und Maria vorbereitet. Sein Leitspruch war: *Bella gerant alii, tu felix Austria nube!* („Mögen andere Länder Kriege führen, du glückliches Österreich heirate!")
- Er schoss Gämsen am liebsten in der Martinswand, die man bequem von der Fenstern des nahen Schloss Martinsbühel einsehen konnte. Dort konnte er, wie er notierte „den Gembs vor so vielen schönen Frauen fällen ohne allen Grauen".
- Dann, inszeniert oder nicht, verstieg er sich dort doch einmal und wurde dann von a) dem Jäger Oskar Zyps, b) einem Zirler Bauernbub oder c) von einem Engel Gottes – je nach Legende – gerettet.
- Weiters hat er angeblich unter anderem in München einer Löwin mit Gewalt das Maul geöffnet und die Zunge heraus gezogen, eine Bärin mit seiner Faust erwürgt und in Münster auf den Zinnen der Stadtmauer getanzt.
- Er soll auch als Neugeborener bereits in seinem ersten Bad aufrecht gestanden sein und später hat er, durch einen Engel geleitet, angeblich den Mantel Christi entdeckt, inklusive der Würfel der um dieses Kleidungsstück glückspielenden römischen Soldaten.
- Er nannte sich auch des „Heiligen Römischen Reiches oberster Erzjägermeister" und sagte einmal über sich und Papst Julius II. „Gott hat das weltliche und das geistige Regiment gut bestellt, jenes mit einem Gemsenjäger, dieses mit einem trunkenen Pfaffen".

- Später hatte er selbst Ambitionen Papst zu werden. Auch einen Kreuzzug wollte er organisieren.
- Seine zahlreichen heroischen Selbstdarstellungen durch angemietete Künstler entgingen nur dadurch dem Kitsch, dass viele Entwürfe von Albrecht Dürer stammen.
- Seine Ritterromane (*Freydal*, *Theuerdank* und *Weißkunig*) wurden in Deutsch verfasst, einerseits aus Gründen der Volksnähe, andererseits aber, weil sein Latein miserabel war.
- Er ließ einen Stammbaum der Habsburger herstellen, der das Geschlecht unter anderem auf Julius Cäsar, König Artus, Karl den Großen sowie Priamos von Troja (und somit auf Zeus selbst!) und diverse Heilige zurückführte.
- Die meisten seiner Pläne für Reiterstandbilder, Klöster oder Geschichtswerke konnten aus Geldmangel nicht verwirklicht werden. Tatsächlich gebaut wurde nur das „Goldene Dachl" in Innsbruck.
- Notorisch pleite, wurde dem Tross des alten Kaisers schließlich die Unterkunft in Innsbruck verweigert, die offenen Rechnungen waren schon zu hoch. Er musste polternd und tobend abziehen.
- Zuletzt entworfen wurde ein gigantisches Grabmal, das auch tatsächlich – in weit bescheidenerer Ausführung – in Innsbruck erbaut wurde und bis heute zu bewundern ist – allerdings liegt Maximilian nicht darin.
- Er starb am 12. 1. 1519 in Wels.

## Venerische Leiden

Geschlechtskrankheiten waren unter den Habsburgern oft das bittere Ergebnis zahlreicher Seitensprünge mit allerlei Damen – besonders im späten 19. Jahrhundert. Nicht nur Kronprinz Rudolf erkrankte an einer, sondern auch Erzherzog Otto, der Vater des letzten Kaisers Karl. Otto, der an Syphilis litt, musste gegen Ende seines Lebens deswegen sogar eine lederne Nase tragen; er starb mit 41 Jahren qualvoll an der Krankheit.
Otto war überhaupt exzessiv. Einer seiner zahllosen Skandale spielte sich im „Sacher" ab, wo der Erzherzog vom Ehemann seiner Liaison in flagranti ertappt, nackt auf die Straße fliehen musste – nur mit seinem Säbel und dem Orden vom Goldenen Vlies bekleidet.

## Elisabeth, musikalisch

Der Dauerbrenner unter den Geschichten rund um die Familie Habsburg ist und bleibt die wechselvolle, teils romantische, teils tragische Geschichte Kaiserin Elisabeths. Kaum ein anderes Habsburgerschicksal, vielleicht mit Ausnahme des Selbstmordes ihres Sohnes Rudolf, hat derart viele filmische, literarische oder sonstige künstlerische Verarbeitungen nach sich gezogen. Allein die „Sissi"-Trilogie von Ernst Marischka ist bis heute ein internationaler Bestseller – im Fernsehen wie auf Kaufmedien. Immer wieder in die Nähe Elisabeths gerückte Schicksale anderer „tragischer" Prinzessinnen, wie jenes von Englands Lady Diana oder Japans Kronprinzessin Masako, verleihen dem Mythos um das exzentrische Leben der Kaiserin neue Impulse.

Unter diesen Aspekten verwundert es eigentlich nicht so sehr, dass das Wiener Musical *Elisabeth* Rekord um Rekord erzielte und zum weltweiten – noch immer anhaltenden – Megaerfolg wurde. Dass die Story von einem Deutschen (Michael Kunze, u. a. langjähriger Udo-Jürgens-Texter und Musical-Übersetzer), die Musik von einem Ungarn (Silvester Levay, zusammen mit Kunze mit Titeln wie „Fly, Robin, fly" und „Lady Bump", Mitbegründer der Discowelle), die Regie von einem weiteren (Ost-)Deutschen (Harry Kupfer) und die Choreographie von einem Amerikaner (Dennis Callahan) stammt sowie die wichtigsten Wiener Elisabeth-Darstellerinnen Holländerinnen waren (Maya Hakvoort, Pia Douwes), änderte nichts an dem Erfolg dieses urösterreichischen Stoffes.

Michael Kunze hat den bekannten „Sissi"-Mythos und -Kitsch um harte, aber durchaus auch theatralisch reizvolle Fakten und Tragödien aus dem Leben der Kaiserin erweitert; im Mittelpunkt steht auch hier die Liebesgeschichte Elisabeths – allerdings jene mit dem Tod, mit dem sie laut Skript ihr ganzes Leben lang flirtete. Folgerichtig ist auch der „Tod" (erstmals verkörpert durch Uwe Kröger) die männliche Hauptrolle und nicht etwa Franz Joseph. Das Attentat und die Ermordung Elisabeths durch den Anarchisten Luigi Lucheni werden so im Stück eigentlich zur Erfüllung, ja, quasi zum Happy End für zwei Liebende. Die Handlung wurde im Lauf der Zeit immer wieder ein wenig adaptiert und berücksichtigt auch politische Umstände und Geschehnisse der Handlungszeit.

Hier einige Fakten und Rekorde:

Wien:
*Uraufführung:* 3. 9.1992, „Theater an der Wien"
*Letzte Wiener Aufführung (Wiederaufnahme):* 4. 12. 2005, ebenda
*Vorstellungen insgesamt:* 1.752
*Maya Hakvoort als „Elisabeth":* ca. 1000 Mal
*Besucher:* ca. 1,8 Millionen
*„Stars born" durch die Produktion:* u.a. Uwe Kröger, Viktor Gernot
*Besuchs-Rekorde einzelner Fans:* 450 Mal
Anlässlich der Wiederaufnahme erschien 2003 eine Sondermarke der österreichischen Post.
Die DVD der Wiederaufnahme erhielt noch vor ihrem Erscheinen Doppelplatin.

Weltweit:
*Zuseher:* ca. sechs Millionen
*Erlös für die Autoren:* rund 470 Millionen
Erfolgreichstes deutschsprachiges Musical aller Zeiten

Alle Produktionen:

|  |  |
|---|---|
| 3. September 1992 | Theater an der Wien, Österreich (Welturaufführung) |
| 16. Februar 1996 | Takarazuka Theater in Osaka, Japan |
| 3. Juni 1996 | Tokio, Japan |
| 17. Juni 1996 | Freiluftbühne Szeged, Ungarn |
| 6. Oktober 1996 | Operettentheater Budapest, Ungarn |
| 30. September 1999 | Musiktheater Värmland, Karlstad, Schweden |
| 21. November 1999 | Circustheater Scheveningen, Holland |
| 7. April 2000 | Ungarischen Nationaltheater Miskolc, Ungarn |
| 6. Juni 2000 | Tokio, Japan (Neuproduktion) |
| 22. März 2001 | Colosseum Theater Essen, Deutschland |
| 1. Oktober 2003 | Theater an der Wien, Österreich (Wiederaufnahme) |
| 21. Juli 2004 | Triest, Italien |
| 6. März 2005 | Apollo Theater Stuttgart, Deutschland |
| 23. September 2005 | Stadttheater Turku, Finnland |

Hervorzuheben ist noch die erste japanische Produktion. Sie wurde vom Takarazuka Theater aufgeführt, und zwar von drei Casts, der sogenannten Snow-, Star- und Cosmos-Truppe. Was daraus noch nicht hervorgeht: Takarazuka ist eine besondere japanische Theaterform, in der alle Rollen ausschließlich von Frauen gespielt werden.

## HABSBURG INTERNATIONAL

DEUTSCH: Habsburg
ENGLISCH: Hapsburg
FRANZÖSISCH: les Habsbourgs
GRIECHISCH: Absburgoi
ITALIENISCH: Absburgo
JAPANISCH: Hapusuburuku-ke (wörtlich: Haus der Habsbuger, das Habsburg-Geschlecht)
RUMÄNISCH: Habsburger
RUSSISCH: Gabsburgi
SPANISCH: Habsburgo
TSCHECHISCH: Habzburgovci
UNGARISCH: Habsburgház (das Haus Habsburg)

## DIE SCHÖNE BRASILIANERIN

Erzherzogin Maria Theresia (1855–1944), Tochter des portugiesischen Thronprätendenten Dom Miguel von Braganza und dritte Gemahlin von Erzherzog Karl Ludwig, galt als berühmte Schönheit.
Nach dem Tod der Kaiserin Elisabeth nahm sie als Gattin des Bruders des Kaisers (und damaligen offiziellen Thronfolgers) die Stelle der ersten Dame des Reiches ein.

## HABSBURGER, GEZEICHNET, FERNÖSTLICH

Nicht nur das Musical *Elisabeth* feierte in Japan große Erfolge; unter anderem gibt es auch mehrere *Manga* (japanische Comics) über die Habsburger und die exzentrische Kaiserin:
*Erizabetto* (Zeichner: Morikawa Kumi, Autor: Michael Kunze) basiert auf dem Musical „Elisabeth".
*Manga Kouhi Erizabetto (Kaiserin-Elisabeth-Comic,* Zeichner: Meikou Tomoko, Autor: Jean DesCars) basiert auf der 1995 erschienenen Elisabeth-Biografie Jean DesCars.
Außerdem hatten die Habsburger Damen Marie Antoinette und Kaiserin Maria Theresia regelmäßige Auftritte in der 1979 entstandenen, 40-teiligen japanischen Mantel-und-Degen-Zeichentrickserie *Lady Oscar* (im Original: *Berusaiyu no Bara – Die Rosen von Versailles*), die auch im deutschen Fernsehen gelaufen ist.
Die Story basiert auf der auch auf Deutsch in sieben Taschenbüchern

unter dem Titel *Lady Oscar – Die Rosen von Versailles* (Autor: Riyoko Ikeda, Carlsen Comics, 2003) erschienenen Comic-Serie, die bereits zwischen 1972 bis 1973 in Japan publiziert wurde. 1980 entstand danach sogar ein Spielfilm – eine japanische Produktion mit französischem Regisseur und französischen Darstellern und Musik von Michel Legrand.

Auch die Wissenschaft hat das Thema für sich entdeckt: Eine Doktorarbeit am Institut für Japanologie der Universität Wien widmet sich der Fragestellung: „Der Doppeladler in der japanischen Populärkultur – Österreichische Geschichte in japanischen Mangas". Darin untersucht werden auch „Habsburger-zentrische Yaoi-Manga". Yaoi-Manga sind eine japanische „Spezialität": meist von Frauen konsumierte Comics, die ausschließlich homoerotische Beziehungen zum Inhalt haben.

## SCHÖNBRUNN, FEUCHT

Kaiser Matthias, der seinem Bruder, dem „Prager" Kaiser Rudolf II., als Herrscher nachfolgte, gilt als der legendäre „Gründer" und Namensgeber von Schloss Schönbrunn. Er ließ als erster das kleine Jagdschlösschen Gatterburg (oder Katterburg) im Gebiet des damaligen Gatterhölzls ausbauen, und als er während einer Jagd dort einmal einen Brunnen (bzw. eine Quelle) entdeckte und dies mit dem Ausruf „Ei, welch' schöner Brunn'!" quittierte, war der Namen für die spätere Sommerresidenz gefunden.

Liegt auch der Beginn im Dunkeln, die weitere Geschichte des Brunnens ist gut belegt: Ursprünglich von vier Linden umgeben, wurde die Quelle 1642/43 eingefasst und mit einer marmornen Quellnymphe geschmückt (aus deren Brüsten das Wasser quoll). Viel wahrscheinlicher also ist es, dass der Name von diesem schönen Anblick stammt … Jedenfalls ist die Ortsbezeichnung seit 1642 belegt.

Die Quelle spendete bis ins 19. Jahrhundert Wasser für die Tafel des Kaisers, das sogar per Maulesel in die Hofburg transportiert wurde. Seit 1780 schmückt die von Wilhelm Beyer geschaffene Nymphe Egeria den heutigen „Schönen Brunnen", von dessen Wasser die Parkbesucher bereits zu Kaisers Zeiten kosten durften.

Heute kann man immerhin noch „Schönbrunner Schlosswasser" in Plastikflaschen kaufen. Dieses „naturbelassene Quellwasser" stammt aber aus der Steiermark und nicht aus Schönbrunn. Sicherheitshalber vertreibt die Herstellerfirma ihr Wasser aber auch noch unter anderen Bezeichnungen, wie „Mostly Mozart spring water" oder „Gazelle" (samt Unterwäschemodel auf dem Etikett).

## Alle Habsburger

Die englische Website www.thepeerage.com hat es sich zur Aufgabe gemacht, alle Mitglieder aller europäischen Herrscherhäuser, regierend oder nicht regierend, inklusive aller ihrer Nachkommen aufzulisten.

Folgende Habsburger sind auf dieser Seite zu finden:
*(Anmerkung: Die Unterteilung der Website in die Häuser Habsburg, Habsburg-Este, Habsburg-Lorraine (sic!) und Habsburg-Lothringen (sic!) wurde wegen zahlreicher Unklarheiten in der Zuordnung aufgehoben. Auch fehlen einige Vertreter bekannter Nebenlinien. Heimische Titel (Kaiser, Kaiserin, König, Königin, Erzherzog, Erzherzogin, Graf, Gräfin) wurden entfernt, ausländische Titel belassen.)*

Adelheid Franziska (1822–1855)
Adelheid Maria (1914–1971)
Agnes (1281–1364)
Agnes (ca. 1315/1326–1392)
Agnes (vor 1257–1322)
Agnes Christina Franziska (*1928)
Agnes Maria Gertrud (*1950)
Agnes Maria Theresa (1891–1945)
Albrecht (1607)
Albrecht Clemens (*1951)
Albrecht Franz (1897–1955)
Albrecht Friedrich Rudolf (1817–1895)
Albrecht I (1248–1308)
Albrecht II (1298–1358)
Albrecht III (1348–1395)
Albrecht IV (1377–1404)
Albrecht IV (vor 1202–1240)
Albrecht Johann Joseph (1773–1774)
Albrecht Stanislaus Bernhard (*1963)
Albrecht V (1397–1439)
Albrecht V (vor 1240–1256)
Alexander (1825–1837)
Alexander (ca. 1412/1419–1420)
Alexander Hector (*1990)
Alexander Leopold Johann (1772–1795)
Alexander Salvator Maria (*1959)
Alexandra Blanca (*1941)
Alexandra Lydia (*1965)
Alexandra Lydia Pia (*1965)
Alexandra Maria Anna (*1952)

Alexandrine (1801–1801)
Alfonso (1611–1612)
Alice Marie Christine (*1941)
Amalie Theresia (1807–1807)
Andras Francesco Laszlo (1994)
Andrea Maria (*1953)
Andreas Salvator Gabriel (*1936)
Andreas-Augustinus Maria (*1963)
Anna (ca. 1279–1328)
Anna (ca. 1315/1330–1343)
Anna (ca. 1412/1424–1439)
Anna Antonia (1636–1636)
Anna Eleonore (1583–1584)
Anna Katharina Andrea (*1977)
Anna Maria (1879–1961)
Anna Marie (1674–1674)
Anna Mauritia (?)
Anna-Theresia Gabriella (1928–1984)
Anne (1432–1462)
Anne Maurice, Princesa de España (1601–1666)
Anton (*1964)
Anton Maria Franz (1901–1987)
Anton Viktor (1779–1835)
Ashley Byrd (*1965)
Assumpta Alice Ferdinandine (1902–1993)
Balthasar (1629–1646)
Benedikt Stephan (*1983)
Bernhard Wolfgang (*1977)
Carlos (1573–1575)
Carlos (1607–1632)
Carlos II, Rey de España (1661–1700)
Carlos, Principe das Asturias (1545–1568)
Caroline (*1952)
Caroline (*1978)
Catharina-Maria (*1972)
Catherine (1320–1349)
Catherine Micaela (1567–1597)
Catherine Q. Nastase (*1958)
Cecilie Renate (1611–1644)
Charles (1607–1632)
Charlotte (*1940)
Charlotte Hedwig (1921–1989)
Christina Maria Elisabeth (*1975)
Christine (1601–1601)
Christine (1679–1679)

Christof (1455–1456)
Christoph Heinrich (*1944)
Christoph Henri (*1988)
Christopher (*1957)
Clara (?)
Clemens Salvator Leopold (1904–1974)
Constantin Oktavian (*1976)
Constantza (*1960)
Debora (*1970)
Diego (1575–1582)
Dominic (*1937)
Dominik Heinrich Reinhold (*1974)
Doris (*1929)
Ebba (*1949)
Eduard Karl Joseph (1967)
Edward (1575–1582)
Eleonora (1886–1974)
Eleonore (1864–1864)
Eleonore (*1979)
Elisabeth (1378–1392)
Elisabeth (1408–1408)
Elisabeth (1438–1505)
Elisabeth (1820–1820)
Elisabeth (ca. 1293–1352)
Elisabeth (vor 1240)
Elisabeth Amelia (1878–1960)
Elisabeth Charlotte (1922–1993)
Elisabeth Henriette Klothilde (1883–1958)
Elisabeth Irene Maria Fidelis (*1927)
Elisabeth Klementine Klothilde (1865–1866)
Elisabeth Marie (1883–1963)
Elisabeth Mathilde Karolina (*1935)
Elizabeth Ann (*1967)
Elizabeth Franziska Maria (1831–1903)
Elizabeth Maria (*1946)
Elmerice Karoline Sidone Elisabeth (*1984)
Engel (*1937)
Ernst (1824–1899)
Ernst II (ca. 1412/1424–1432)
Ernst, Statthalter der Niederlande (1553–1595)
Eugen Ferdinand (1863–1954)
Eugen (*1964)
Eva Antonia (*1961)
Felipe „el Hermoso/der Schöne" (1478–1506)
Felipe I, Rey de Castilla (1478–1506)

Felipe II, Rey de España (1527–1598)
Felipe III, Rey de España (1578–1621)
Felipe IV, Rey de España (1605–1665)
Felix Ferdinand (*1916)
Ferdinand (1551–1552)
Ferdinand (1571–1578)
Ferdinand (1572–1572 )
Ferdinand (1609–1641)
Ferdinand (ca. 1529–1530)
Ferdinand I. (1793–1875)
Ferdinand I. (1503–1564)
Ferdinand III. (1608–1657)
Ferdinand IV. Franz (1633–1654)
Ferdinand IV., Granduca di Toscana (1835–1908)
Ferdinand Karl (1754–1806)
Ferdinand Karl (1821–1849)
Ferdinand Karl Ludwig (1868–1915)
Ferdinand Karl (*1980)
Ferdinand Leopold Joseph (*1969)
Ferdinand Wenzel (1667–1668)
Ferdinand Zvonimir Maria (*1997)
Ferdinando III (1769–1824)
Fernando (1571–1578)
Fernando (1609–1641)
Franz (1481–1481)
Franz Ferdinand (1863–1914)
Franz Ferdinand (*1967)
Franz II. Joseph Karl (1768–1835)
Franz IV. (1779–1846)
Franz Josef (1855–1855)
Franz Josef I Karl (1830–1916)
Franz Josef Karl (1905–1975)
Franz Karl Joseph (1802–1878)
Franz Salvator Georg Josef Maria Thaddaus (*1927)
Franz V (1819–1875)
Franz-Ludwig Marie (*1988)
Friederika (*1942)
Friedrich (1562–1563)
Friedrich Ferdinand Leopold (1821–1847)
Friedrich I. „der Schöne" (1286–1330)
Friedrich II. (1327–1344)
Friedrich III. (1347–1362)
Friedrich III. (1415–1493)
Friedrich IV. (1382–1439)
Friedrich Maria (1856–1936)

Friedrich Salvator Franz (*1927)
Gabriela (*1994)
Gabriela Maria (*1956)
Gabriele Maria Theresia (1887–1954)
Georg (1435–1435)
Georg Maria Otto (*1952)
Gerhard (*1957)
Germana Marie Theresa (1884–1955)
Gertrude Tomanek (1902–1997)
Géza Ladislaus (*1940)
Gisela Augusta Anna Maria (1897–1901)
Gisela Louise Marie (1856–1932)
Gregor (*1968)
Guntram Maria Georg (1937–1944)
Hartmann (1263–1281)
Hartmann (ca. 1252)
Hedwig (1424–1427)
Hedwig (ca. 1245/1263–1303)
Hedwig Walburga (*1972)
Heinrich (1828–1891)
Heinrich Ferdinand Salvator (1878–1969)
Heinrich (1908–1968)
Helene (1460–1461)
Helene (*1920)
Helene Ilona (*1927)
Helvig (1910–1990)
Helvig Helle (*1942)
Hermine Amalie Marie (1817–1842)
Hilde (*1955)
Hubert Salvator Rainer (1894–1971)
Hubertus Karl Stefan (*1967)
Hugo Karl Maria Leo Fidelis (1930–1981)
Ildiko Katalin Izabella, Prinzessin von Ungarn (*1942)
Ileana (*1958)
Imre Emmanuel (*1985)
Isabella (1887–1973)
Isabella (*1963)
Isabella Clara Eugenia (1566–1633)
Isabella Teresa (1627–1627)
Isabelle (*1981)
István Franz-Leopold (*1961)
Jerrine (*1931)
Joanna (1373–1410)
Johann (1466–1467)
Johann (1538–1539)

Johann Baptist Joseph (1782–1859)
Johann Friedrich (zu Hohenlohe-Jatsberg) (1863–1921)
Johann Leopold (1670–1670)
Johann Maximilian Salvator (*1947)
Johann Nepomuk (1805–1809)
Johann Parricida („Verwandtenmörder") (1290–1313)
Johanna (1373–1410)
Johannes Florian (*1974)
Johannes Karl (1962–1975)
Johannes Marie Alexander (*1981)
Johannes-Jacobus Josef (*1975)
Josef Anton Joseph Baptist (1776–1847)
Josef Franz Leopold (1799–1807)
Josef II. (1741–1790)
Joseph Arpád (*1933)
Joseph August Viktor (1872–1962)
Joseph Ferdinand Salvator (1872–1942)
Joseph Franz (1895–1957)
Joseph Karl (1957–1957)
Joseph Karl (*1960)
Joseph Karl Ludwig (1833–1905)
Joseph Karl Maria (*1960)
Juan (1629–1679)
Juana (1537–1573)
Jutta (1271–1297)
Jutta (ca. 1274/1308–1329)
Karl (1565–1566)
Karl (1603–1603)
Karl Albrecht Ferdinand (1956–1957)
Karl Albrecht Ludwig (1847–1848)
Karl Albrecht Nikolaus (1888–1951)
Karl Christian (*1954)
Karl Christian Marie (*1977)
Karl Ferdinand (1818–1874 )
Karl I (1887–1922)
Karl Joseph (1745–1761)
Karl Ludwig (1771–1847)
Karl Ludwig (*1918)
Karl Ludwig Joseph Maria (1833–1896)
Karl Peter (*1955)
Karl Philipp (*1954)
Karl Pins (1909–1953)
Karl Pius Maria (1909–1953)
Karl Salvator (1839–1912)
Karl Salvator Otto (*1936)

# PHILOSOPHIA
## SCHOLASTICO-ETHICA
### FULGIDISSIMIS
### HABSPURGICO-AUSTRIACORUM
# IMPERATORUM
## VIRTUTIBUS
#### ILLUSTRATA.
### SACRATISSIMO, AUGUSTISSIMO,
### INVICTISSIMO, & GLORIOSISSIMO
## ROMANORUM
# IMPERATORI
# CAROLO
### SEXTO,
### REGI

Germaniæ, Castellæ, Aragoniæ, Legionis, utriusque Siciliæ, Hierosolymorum. REGI Hungariæ, Bohemiæ, Dalmatiæ, Croatiæ, Sclavoniæ, Navarræ, Granatæ, Toleti, Valentiæ, Galliciæ, Balearium, Hispalis, Sardiniæ, Cordubæ, Corsicæ, Murciæ, Gienni, Algarbiæ, Algeziræ, Gibillterræ, Insularum Canariarum, Indiarum, Insularum, & Terræ Firmæ, Maris Oceani, &c. ARCHIDUCI Austriæ. DUCI Burgundiæ, & Brabantiæ, Mediolani, Styriæ, Carinthiæ, Carnioliæ, Luxenburgi, Wirtembergæ, utriusque Silesiæ, Athenarum, & Neo-Patriæ. PRINCIPI Sueviæ, Marchioni S. R. I. Burgaviæ, Moraviæ, utriusque Lusatiæ. Principali Comiti Habspurgi, Flandriæ, Tirolis, Barcinonis, Ferretæ, Kyburgi, Goritiæ, Ruscinonis, & Ceritaniæ. Landtgravio Alsatiæ. Marchioni Arboreæ, Comiti Gouani. Domino Marchiæ Vindicæ, Portûs Naonis, Biscaiæ, Mohnæ, Salinarum, Tripolis, & Mechlinii, &c. &c.

Principi, ac Domino, Domino Clementissimo
*Profundissima Veneratione dicata.*

Karl Stefan (*1921)
Karl Stephan (1860–1933)
Karl Thomas (*1961)
Karl V. (1500–1558)
Karl VI. (1685–1740)
Karl-Albrecht (1926–1928)
Karl-Albrecht Maximilian (1926–1928)
Karl-Stephan Maximilian (*1921)
Karoline (1822–1841)
Karoline Ludovika Leopoldine (1795–1799)
Katharina (1295–1323)
Katharina (1320–1349)
Katharina (1342–1381)
Katharina (ca. 1365–1386)
Katharina (vor 1263–1282)
Katharina Marie Christine (*1948)
Katharina Mathilde Aloisia (*1960)
Katherina (1420–1493)
Katherina (1507–1578)
Kinga Barbara (*1955)
Klemens (*1967)
Klementia (ca. 1245/1265–1293)
Klothilde Maria Amalie (1884–1903)
Ladislas V. (1440–1457)
Ladislaus Luitpold (1901–1946)
Ladislaus Luitpold Joseph (1901–1946)
Laetitia Marie Madelaine (*1941)
László Philipp Marie (1875–1895)
Lauren Ann (*1956)
Leo Karl (1893–1939)
Leo Stefan Manfred (*1984)
Leonhard Stefan Antonius (*1972)
Leopold (1716–1716)
Leopold (1823–1898)
Leopold (ca. 1412–1423/1424)
Leopold Franz Peter (1942)
Leopold I (vor 1290–1326)
Leopold II (1328–1344)
Leopold II (1747–1792)
Leopold IV (1371–1411)
Leopold Joseph (1682–1684)
Leopold Joseph (1700–1701)
Leopold Maria Alphons (1897–1958)
Leopold Salvator (1863–1931)
Leopold Salvator Hubert (*1956)

Leopold Wilhelm (1614–1662)
Leopold (*1973)
Leopoldo II. (1797–1870)
Leo-Stefan (*1928)
Leo-Stephan Maria (*1928)
Lorenz Otto (*1955)
Ludovika Elisabeth Franziska (1790–1791)
Ludwig Joseph Anton Johann (1784–1864)
Ludwig Victor (1842–1919)
Magdalena Maria Raineria (*1909)
Magdalena Maria Sophie (*1987)
Margaret (–ca. 1333)
Margaret Teresa, Infanta de España (1651–1673)
Margareta (1881–1965)
Margarete (1346–1366)
Margarete (1395–1447)
Margarete (1416–1486)
Margarete (1423–1424)
Margarete (ca. 1365–1386)
Margarete Sophie (1870–1902)
Margaretha Rainiera Maria (1894–1986)
Margarethe (1925–1979)
Margarethe Klementine Maria (1870–1955)
Margarethe Valerie (*1981)
Margarita (1610–1617)
Margarita (1651–1673)
Margarita Catalina (1623–1623)
Margherita Anastasia (*1972)
Maria (1562–1563)
Maria (1580–1583)
Maria (1655–1655)
Maria (1821–1844)
Maria Adelheid Theodora (*1933)
Maria Alberta Dominika (*1944)
Maria Alice (1893–1962)
Maria Amalia (1724–1730)
Maria Amalia (1780–1798)
Maria Anna (1672–1672)
Maria Anna (1770–1809)
Maria Anna (1835–1840)
Maria Anna (1882–1940)
Maria Anna (*1954)
Maria Anna, Infanta de España (1606–1646)
Maria Annunciata (1876–1961)
Maria Beatrix (*1954)

Maria Bernadette Christa (*1958)
Maria Camilla (*1962)
Maria Christina (1879–1962)
Maria Christina (*1923)
Maria Christina (*1953)
Maria Constanza (*1957)
Maria Cristina (1858–1929)
Maria de la Piedad (*1953)
Maria de los Dolores Beatrix (1891–1974)
Maria del Pilar (*1953)
Maria Desiderata Theresia (1923–1988)
Maria Dorothea Amalie (1867–1932)
Maria Eugenia (1625–1627)
Maria Henrietta (1883–1956)
Maria Immaculata Mathilde (*1933)
Maria Immaculata Pia (*1945)
Maria Josefa (1675–1676)
Maria Karolina (1883–1981)
Maria Karoline Luise Christine (1825–1915)
Maria Kynga Beatrix (*1938)
Maria Leopoldine (1797–1826)
Maria Ludowika Isabella (*1931)
Maria Margaretha Elisabeth (*1930)
Maria Teresa, Infanta de España (1638–1683)
Maria Theresa Amalia Walburga (1717–1780)
Maria Theresa Anna (1845–1927)
Maria Theresia (1762–1770)
Maria Theresia (1767–1827)
Maria Theresia Henriette (1849–1919)
Maria Theresia Isabella (1816–1867)
Maria, Infanta de España (1528–1603)
Maria-Christina (*1961)
Maria-Christina Immaculata (*1923)
Maria-Christina Ninfa (*1953)
Maria-Christine Regina (*1961)
Marianna (1584–1611)
Marie (1555–1556)
Marie (1564–1564)
Marie (1646–1646)
Marie Amalie (1746–1804)
Marie Anna (1738–1789)
Marie Anne (1804–1858)
Marie Antoinette (1755–1793)
Marie Antoinette Christine (*1950)
Marie Caroline (1740–1741)

**Meine Ganseln und Eier g'hören für die Kaiserin.**

*Illustration aus dem Roman „Maria Theresia und die Schmauswaberl vom Spittelberg" von Julius Neidl.*

Marie Caroline (1748–1748)
Marie Caroline (1752–1814)
Marie Christine (1742–1798)
Marie Christine (1763–1763)
Marie Christine (*1983)
Marie Christine Elisabeth (1941–1942)
Marie Elisabeth (1737–1740)
Marie Elisabeth (1743–1808)
Marie Henriette Anna (1836–1909)
Marie Isabelle Klara (*1962)
Marie Johanna (1750–1762)
Marie Josephe (1751–1767)
Marie Karoline (1794–1795)
Marie Karoline Ferdinanda (1801–1832)
Marie Klementine (1777–1801)
Marie Klementine (1798–1881)
Marie Louise (1791–1847)
Marie Margarete (1690–1691)
Marie Margarita (1621–1621)
Marie Valerie (1868–1924)
Marie Valerie (*1913)
Marie Valerie (*1982)
Marie-des-Neiges Constanza (*1986)
Markus Emanuel Salvator (*1946)
Marta Perez (*1947)
Martha (?)
Martin Carl Amadeo Maria (*1959)
Mary (vor 1580)
Mathilde (1251–1304)
Mathilde Marie Adelgunde (1849–1867)
Matthias Josef (*1971)
Matthias (1557–1619)
Mátyás Joseph Albrecht (1904–1905)
Maximilian Franz Joseph (*1932)
Maximilian (1830–1839)
Maximilian (1832–1867)
Maximilian (1895–1952)
Maximilian Christoph (*1975)
Maximilian I. (1459–1519)
Maximilian II. (1527–1576)
Maximilian Philip (*1974)
Maximilian Salvator (*1984)
Maximilian (*1976)
Mechthildis (1891–1966)
Mechthildis Maria Irene (*1924)

Michael Joseph Maria (*1990)
Michael Koloman (*1942)
Michael Koloman Pius (*1942)
Michael Salvator Konrad (*1949)
Michaela Maria Madelaine (*1954)
Monika Maria Roberta (*1954)
Monika-Ilona Maria (*1958)
Myriam Adelheid (*1959)
Natalie Maria Theresia (1884–1898)
Nikolaus Franziskus Alexander (*1973)
Othmar (1910–1988)
Otto (*1912)
Otto Franz Josef (1865–1906)
Otton (1301–1339)
Patricia Frederica Maria (*1963)
Paul Georg Maria (*1964)
Paul Rudolph Joseph (*1968)
Peter (*1959)
Philip (1562–1563)
Philip (1657–1661)
Philip August (1637–1639)
Philipp (1605–? [jung verstorben])
Philipp Bernhard (*1974)
Philipp (*1968)
Radbot Ferdinand Maria (*1938)
Raimond Joseph (*1958)
Rainer (1827–1915)
Rainer Joseph Johann (1783–1853)
Rainier (1895–1930)
Renata Maria (1888–1935)
Renata Maria Theresia (*1931)
Robert Ferdinand (1885–1895)
Robert Karl (1915–1996)
Rosa (1878–1929)
Rudolf (ca. 1412/1423–vor 1424)
Rudolf Franz (1822–1822)
Rudolf Franz Karl (1858–1889)
Rudolf I. (1218–1291)
Rudolf II. (1271–1290)
Rudolf II. (1552–1612)
Rudolf III. (1282–1307)
Rudolf IV. (1339–1365)
Rudolf Maria (*1950)
Rudolf Syringus (*1919)
Rudolph Johann Joseph (1788–1831)

Rudolph Stefan (*1951)
Sabine (vor *1980)
Sandor (*1965)
Sárolta Izabella Mária (*1940)
Saygan Genevieve (*1987)
Shari Suzanne (*1960)
Sigismund (1427–1496)
Sigismund (1826–1891)
Sigismund Otto Maria (*1966)
Simeon Karl Eugen (*1958)
Sofie (1855–1857)
Sophie Klementine Elisabeth (1899–1978)
Stefan (*1932)
Stefan (*1932)
Stefan Christopher (*1990)
Stefan Franz Viktor (1817–1867)
Stefan (*1932)
Stephan István Dominik (1934)
Stephanie Maria Isabelle (1886–1890)
Stephanie (*1979)
Theodore Salvator Petrus (1899–1978)
Theresia Maria Josefa (1652–1653)
Theresia Monika Valerie (*1931)
Thomas Charles (1658–1659)
Ulrich Ferdinand Gudmund (*1941)
Ulrike Margarethe (*1945)
unbenannte Tochter von Felipe II (1564)
unbenannte Tochter von Felipe II (1568–1568)
unbenannter Sohn von Franz Karl Joseph (1840–1840)
Ursula (1541–1543)
Valentin Salvator Markus (*1983)
Valerie Elisabeth (*1982)
Valerie Isabelle Maria (*1941)
Verena Gertrud Marie (1944–1945)
Veronika Anna (*1982)
Veronika (*1912)
Viridis Aloisa (*1961)
Walburga Maria Franziska (*1958)
Walburga Rosa Marie (*1942)
Wilhelm (1370–1406)
Wilhelm Franz Joseph (1895–1954)
Wilhelmine (1877–nach 1908)
Wolfgang (1426–1426)

(Korrekturen und/oder Ergänzungen bitte direkt an den Betreiber der Website)

## Habsburg im Netz

| | |
|---|---|
| www.habsburg.com | vergeben, aber (noch nicht) genutzt. |
| www.hapsburg.com | ausführliche kanadische Seite über die Habsburger. |
| www.habsburg.at | Homepage des Habsburg-Lothringen'schen Gutes Persenbeug. |
| www.habsburg.de | Homepage von Gabriela von Habsburg. |
| www.habsburg.ch | Website der Gemeinde Habsburg im Kanton Aargau. |
| www.habsburg.net | EU-geförderte Website der „Vereinigung: Auf den Spuren der Habsburger" über die habsburgische Hinterlassenschaften zwischen Tirol und Elsass. |
| www.habsburg.co.at | Website der Kleidermanufaktur Habsburg. |
| www.habsburg.org | Website der Immobilenfirma Eventus-Wiesbaden. |
| www.habsburg.org.hu | Website des ungarischen Institutes für Habsburg-Forschung. |
| www.habsburg.cz | Website des tschechischen „Schwarz-Gelben Forums". |
| www.habsburg.nl | Foto von Otto Habsburg mit Enkel und dem Hinweis auf Aufbau der Site. |
| www.habsburg.biz | vergeben, aber (noch nicht) genutzt. |
| www.habsburg.be | wird 2006 „gewartet". |
| www.habsburg.info | vergeben, aber (noch nicht) genutzt. |

## Habsburg, kulinarisch

Auf Reisen soll man sich ja bekanntlich vernünftig ernähren. Das berücksichtigten auch die Habsburger und bestellten im Jahr 1745 in Regensburg auf dem Weg zur Kaiserkrönung von Franz I. Stephan für einen Hofstaat von 440 Personen für einen Tag:

„230 Pfund Rindfleisch, 160 Pfund Kalbfleisch, 30 Pfund Lämmernes, 200 Pfund Schöpsernes, 20 Pfund luftgeselchten Speck, 1 Pfund Mark, 6 frische und 4 geräucherte Ochsenzungen, 8 alte und 48 junge Hühner, 6 Truthähne, 6 junge Gänse, 24 Tauben, 20 Kapaune, 1 Reh, 24 Rebhühner, 6 Fasane, 12 Schnepfen, 10 Dutzend kleine Vögel, 4 Dutzend Krammetsvögel, 3 Haselhühner, 8 junge und 10 alte Hasen, 3 Schinken, 2 Cervelatwürste, 100 große und 200 kleine Krebse, 4 Pfund frische Trüffel, 3 Zuckerhüte, Rosinen, Pistazien, verschiedene Mehlsorten, 3 Pfund Reis, 2 Pfund Rollgerste, 3 Pfund italienische Nudeln, verschiedene Gewürze, Suppengemüse, Kapern, Zwiebel, Knoblauch,

Spinat, Spargel und vieles andere Gemüse, 2 Körbe Salat, 14 Küchen- und 16 Tafellimonen, Pilze, ¹/₂ Pfund Sardellen, rote Rüben, ¹/₂ Eimer Sauerkraut, 30 Pfund Butter, 15 Pfund Schmalz, 192 Eier, 8 Maß Milch, 5 Maß süßen Rahm, 6 Maß Essig, 3 Pfund provencalisches Öl, 200 Birnen, 200 Pfirsiche, 300 Zwetschgen, 30 Orangen, 200 Äpfel, 24 Pfund Weintrauben, 3 Pfund Parmesan, 6 Pfund Speisekäse, 4 Pfund Kaffee, 20 Bouteillen Burgunder, 4 Bouteillen Champagner, 20 Bouteillen Rheinwein und 4 Eimer vom besten Landwein."

## ⸺ Erzherzog Juan Carlos ⸺

Da offiziell in Österreich verboten, sind echte Erzherzöge heutzutage rar. Ein solcher ist aber sogar derzeit gekrönt und Regent: König Juan Carlos von Spanien.

Denn da die spanische Verfassung es gestattet, dass bei der Aufzählung der Titel auch „historische und erloschene" genannt werden, ist es für Juan Carlos I. Alfonso Víctor María de Borbón y Borbón-Dos Sicilias völlig legitim sich auch „Archiduque de Austria", also Erzherzog von Österreich, sowie auch „Graf von Tirol" zu nennen.

Ganz genau ist Juan Carlos aufgrund dieses Gesetzes:
„König von Spanien; König von Kastilien, León, Aragonien, König beider Sizilien, von Jerusalem, Navarra, Granada, Toledo, Valencia, Galicien, Cerdeña (Sardinien), Córdoba, Córcega (Korsika), Murcia, Jaén, der Algarve, Algeciras, Gibraltar, der Kanarischen Inseln, der West- und Ostindischen Inseln und der Neuen Inseln und Festländer des Ozeans (Amerika); Erzherzog von Österreich; Herzog von Burgund, Brabant, Mailand, Athen und Neopatras; Graf von Habsburg, Tirol, Roussillon und Barcelona; Herr von Biscaya und Molina; Generalkapitän der königlichen Streitkräfte."

## ⸺ Die Schwanzfeder ⸺
## des Kaiseradlers

Bis zur Zeit Napoleons besaß das Haus Habsburg auch einige kleinere Gebiete im Bereich (vor allem nördlich) des Bodensees im heutigen Deutschland und teilweise in der Schweiz. Diese Reste der früheren alemannischen Stammlande – vor der Vertreibung der Habsburger aus der Schweiz – galten nach der immer stärkeren Verlagerung des Herrschaftszentrums der Habsburger nach Osten immer mehr als Anhängsel des Reiches. Diese offiziell als „Vorderösterreich" oder auch „Vorlande" bezeichneten Gebiete wurden daher scherzhaft auch als „Die Schwanzfeder des Kaiseradlers" bezeichnet.

## GROSSES THEATER IM HAUSE HABSBURG

Die Mitglieder des Kaiserhauses erfreuten sich stets gern an verschiedenen Spektakeln, waren aber auch oft selbst Protagonisten künstlerischer Darbietungen, etwa als Sänger oder Lyrik-Vortragende vor der eigenen Familie und in- und ausländischen Adeligen.
Auch Theaterstücke wurden, besonders von jungen Habsburgern, gerne aufgeführt. Von einer Aufführung (ca. 1910) des *Festspiel in einem Aufzuge von Rudolf Czerny: „Am grünen Tische"* sind das Manuskript sowie die Besetzungsliste erhalten.
Unter anderem spielten: „Erzherzog Max, Erzherzog Rainer, Erzherzog Leopold, Erzherzog Franz Carl, Erzherzog Leo, Erzherzogin Ella und Erzherzogin Hedwig."

## DIE DREHORTE DER „SISSI"-TRILOGIE

Atelier Rosenhügel, Wien (Studio)
Atelier Sievering, Wien (Studio)
Bad Ischl
Bayern (D)
Campania (I)
Capaccio (I)
Dürnstein
Innsbruck
Michaelerkirche, Wien
Paestum (I)
Ravello (I)
Salerno (I)
Schloss Fuschl
Schloss Schönbrunn
Venedig (I)
Veneto (I)
Wien

Übrigens: Magda Schneider, die Mutter von Romy Schneider, spielte in allen drei Filmen die Prinzessin Ludovika von Bayern, die Mutter von Elisabeth.

# VISUAL

# *Maximiliano y Carlota*

*"Un emperador, el Cerro de las Campanas y ¡adiós mamá Carlota!"*

**Pedro Enríquez**

## Habsburger, gezeichnet, fernwestlich

Ein humoristisches, aber respektvoll-authentisches Biografie-Comic wurde 1995 dem österreichischen Erzherzog und mexikanischem Kurzzeitkaiser Maximilian gewidmet.

Unter dem Titel *Maximiliano y Carlota – Un emperador, el Cerro de las Campanas y ¡adiós mamá Carlota!* (Maximilian und Charlotte – ein Kaiser, der Glockenhügel und „Adieu Mama Charlotte!") von Pedro Enríquez und Eduardo Rochea verfasste Band erschien beim mexikanischen Verlag Visual in einer Auflage von drei Millionen. Platziert war er in einer Reihe von biographischen Comics über wichtige Persönlichkeiten der mexikanischen Geschichte.

Beschrieben werden die politischen Unruhen der Frühzeit Mexikos, die daraus resultierende Suche nach einem Monarchen und die kurze Amtszeit des Bruders von Franz Joseph inklusive seiner Hinrichtung. Aber auch Maximilians persönlicher Background sowie der seiner belgischen Gattin Charlotte und die Ränke der europäischen Politik dieser Zeit (Napoleon III. setzte Maximilan ein, entzog ihm dann aber die Truppen) werden kurz, prägnant und humoristisch vermittelt.

Der zweite Untertitel des Bandes bezieht sich auf die Hinrichtungsstätte des Kaisers, der dritte auf verschiedene Versionen von Gedichten und Spottliedern (das bekannteste stammt von Vicente Rivapalacio) über die Abreise der Kaiserin, die meist mit „Adios mama Carlota" beginnen. Diese haben sich bis heute erhalten und werden auch immer wieder in verschiedenen Zusammenhängen zitiert.

Eine der unhöflichsten Versionen beginnt mit den Worten:
*Adios mama carlota/narices de pelota/la gente se alborota/al verte tan gordota.*
(„Adieu Mama Charlotte/Deine Nase sieht aus wie ein Ball/und die Menschen geraten in Aufruhr/weil sie Dich so aufgeblüht sehen.") – diese letzte Andeutung dürfte sich auf eine vertuschte Schwangerschaft Charlottes beziehen – Kaiser Maximilian war nämlich mit großer Sicherheit unfruchtbar.

## Ka schöne Leich'

Kaiser Maximilian I. verbot für seinen Leichnam die Einbalsamierung. Im Gegenteil, er empfand es als passend, seinen Körper nach seinem Tod zu demütigen, und befahl daher, dass ihm
- die Haare abgeschnitten,
- die Zähne ausgebrochen und
- der Körper gegeißelt werden sollten.

Anschließend wurde der geschundene Körper zwei Tage lang öffentlich aufgebahrt.

## Afrikanische Lipizzaner

Die „Spanische Hofreitschule" in Wien ist der einzige Ort der Welt, an dem die berühmten weißen Pferde noch in der Hohen Schule der klassischen Reitkunst – seit über 400 Jahren – trainiert werden.
Dieser Satz ist zwar gängiges Wien-Wissen, aber leider falsch. Denn auch in Kyalami in Südafrika, etwas nördlich von Johannesburg, existiert eine offizielle „Spanische Hofreitschule" mit Lipizzanern. Und das kam so:
1944 floh der ungarische Adelige Graf Jankovich-Bésán mit seiner Familie und einigen in seinem Besitz befindlichen Lipizzanern vor der herannahenden Roten Armee. Nach vielen Beschwernissen kamen sie in Sünching in Bayern unter. Dort wurden die Pferde mit Öl, Schmutz und Paraffin bemalt, um eine Krankheit vorzutäuschen und sie so vor der Wehrmacht bzw. der „Verwurstung" zu schützen. Von General George S. Patton befreit, kamen der Graf und seine Pferde nach London, von wo aus er 1948 nach Südafrika auswanderte. Dort ließ er sich auf einer kleinen Farm in der Nähe von Mooi River (Kwa-Zulu/Natal) nieder, da ihn die Gegend an Ungarn erinnerte.
Kurz nach dem Zweiten Weltkrieg emigrierte auch der polnische Kavallerie-Offizier Major George Ivanowski nach Südafrika. Zufällig traf er hier auf Graf Jankovich-Bésán, der ihm einen Lipizzaner-Hengst namens „Maestoso Erdem" zum Training anbot. Ivanowski nahm an und begründete so die *Haute École* in Südafrika. Zuerst tourte er mit einem kleinen Team durch das Land und baute in der Folge das Reitzentrum in Kyalami auf. Ab 1965 wurden die Lipizzaner hier auch gezüchtet und 1969 wurde die erste geschlossene Reithalle errichtet. Der Traum einer afrikanischen Hofreitschule wurde schließlich wahr, als die Arbeit der Südafrikaner durch Wien offiziell anerkannt wurde und sie von der Wiener Spanischen Hofreitschule eine Art „Echtheitszertifikat" erhielten. Es bestehen mittlerweile auch enge Kontakte und man arbeitet zusammen.

Die Hengste in Südafrika werden übrigens im Gegensatz zu Wien von Frauen geritten und vorgeführt. Originellerweise tritt in der „Afrikanischen Spanischen Hofreitschule" auch ein seltener schwarzer Lipizzaner auf!

## Orden vs. Standgericht

Eine in gewisser Weise eigenartige militärische Auszeichnung ist der legendäre „Maria-Theresien-Orden". Der eigentlich korrekt „Militär-Maria-Theresien-Orden" bezeichnete Orden wurde von der Kaiserin 1757 nach der Schlacht von Kolin gestiftet und bestand zunächst aus zwei Klassen: *Großkreuz* und *Ritterkreuz*. Kaiser Joseph II. fügte dann noch die Klassen *Kommandeur* und *Ritter zweiter Klasse* hinzu. Mit dem Orden verbunden war auch eine Pension, nach dem Tod des Trägers erhielt die Witwe immerhin noch fünfzig Prozent derselben.
Der Orden wurde eher selten – bis zur letzten Sitzung des Ordenskapitels (1931– sic!) insgesamt nur 1241 Mal – vergeben, der letzte Träger, ein k.u.k.-Marineflieger, starb 1986.
Der Orden trägt vorne die Umschrift „Fortitudini" („für Tapferkeit") und zeigt auf der Rückseite die Buchstaben „M.T.F." (Maria Theresia Franciscus).
Das Besondere am „Maria-Theresien-Orden" waren neben der Tatsache, dass er ohne Rücksicht auf Rang, Stand oder Religion vergeben wurde, die Umstände seiner Verleihung. Er sollte für eine mutige, wörtlich „besondere herzhafte That" vergeben werden – und zwar explizit für die „Eigeninitiative einer militärischen Leistung im Gefecht". Mit anderen Worten konnte das im Extremfall auch bedeuten: für eine Handlung gegen den offiziellen Befehl.
Damit ist der „Maria-Theresien-Orden" der eigenartige Fall einer militärischen Auszeichnung für Befehlsverweigerung – allerdings nur im Falle des Gelingens der meist tollkühnen Aktion. Danach strebende Soldaten mussten sich daher gut überlegen, ob sie die Alternative für den Orden – Militärgericht bis Exekution – riskieren wollten.

## —— Kaiserliches Ticket ——

Eine Zugfahrt war für den Kaiser recht teuer. Inklusive der Überprüfung und Überwachung der Strecke, der Umleitungen anderer Züge etc. kostete Franz Joseph eine einfache Fahrt Wien–Wiener Neustadt (ca. 50 km) ungefähr 2000 Euro.

## —— „Hallo, hier spricht Habsburg" ——

Die Suche nach Personen mit dem Nachnamen „Habsburg" (allein und als Teil von Doppelnamen) im österreichischen Online-Telefonbuch erzielte zum Zeitpunkt des Verfassens dieser Zeilen 62 Treffer. Dieselbe Suche im Schweizer Telefonbuch ergab 7, im deutschen 8 Personen.

## —— Die rote Sonne von Mexiko-ho ——

Das Wappen Mexikos mit dem auf einem Kaktus stehenden Adler (genauer ein Karakara auf einem Feigenkaktus) mit Schlange im Schnabel bezieht sich auf die legendäre Gründung der Aztekenhauptstadt Tenochtitlán (an deren Stelle die heutige Hauptstadt Mexico City steht) im Jahre 1325.
Die neue Lage der Stadt (und der Beginn der Gründung ihres Reiches) sollte laut einer Prophezeiung des Gottes Huitzilopochtli Anfang des 12. Jahrhunderts durch einen Adler, der eine Schlange in seinem Schnabel hält, angezeigt werden. Die alten Azteken, die damals in der Region Atzlan lebten und die sich selbst „Mexica" nannten, machten sich daraufhin etwa 1168 auf die Reise, bis ihnen das Zeichen Anfang des 14. Jahrhunderts tatsächlich über jener Insel in einem See erschien, auf der sie dann ihre Hauptstadt errichteten.
Das Wappen selbst wurde nach der Unabhängigkeit Mexikos 1821 eingeführt. Zwischen 1864 und 1867, während der kurzen Regentschaft von Kaiser Maximilian, trug der Adler eine Krone. Außerdem wurde es auch als von zwei Greifen gehaltenes gekröntes Schildwappen dargestellt.

## Rauchen kann Ihrer Gesundheit schaden

Drama in Schloss Hetzendorf: Mathilde, eine Tochter Erzherzog Albrechts, hatte sich eben im Beisein ihres Verehrers Erzherzog Ludwig Salvator eine Zigarette angezündet, als man Schritte hörte. In Panik versuchte sie die für Damen als unschicklich geltende Zigarette hinter ihrem Rücken zu verstecken; dabei fing die mit Glycerin versteifte Mousseline ihres Tüllkleids Feuer – Mathilde erlitt Verbrennungen dritten Grades und starb nach qualvollem Leiden, 18-jährig, am 6. Juni 1867.

## Adel futsch, Ratzeputz

Die Bestimmungen des bis heute gültigen österreichischen Adelsaufhebungsgesetzes sind 1918 wesentlich schärfer ausgefallen als in anderen Ländern mit ehemaliger Monarchie. Unter anderem ist in Österreich, im Gegensatz etwa zu anderen Republiken wie Deutschland, Italien oder Frankreich, sogar das Führen eines Adelstitels, und sei es als Bestandteil des Namens, verboten.
Vor der Auflockerung diesbezüglicher Gesetze war man den Behörden früher bereits beim Tragen eines Doppelnamens prinzipiell verdächtig. Wer heute in Österreich einen adeligen Titel hat, hat diesen aus dem Ausland und ist in fast allen Fällen kein österreichischer Staatsbürger.
Aber Österreich wäre nicht Österreich, gäbe es nicht auch hier Ausnahmen. Eine der bekanntesten betrifft den Dirigenten Herbert von Karajan. Da dieser einst androhte in Österreich nicht mehr aufzutreten, wenn er sein „von" nicht auf den Plakaten abdrucken dürfe, wurde ihm das natürlich gestattet. Weil das aber nicht so ohne weiteres mit den Gesetzen in Einklang zu bringen war, wurde der Titel von Seiten der Behörde einfach als „Künstlername" angesehen.

—— Was wäre, wenn ... ? ——

Österreich-Ungarn als aktuelle internationale Supermacht? Eine funktionierende Habsburgermonarchie im ausgehenden 20. Jahrhundert? Warum nicht – denkbar ist schließlich alles. Daher verwundert es nicht weiter, dass auch einige Autoren der so genannten „Alternativweltenliteratur" sich mit der Frage beschäftigten, was denn gewesen wäre, wenn ... Einige dieser Romane beinhalten auch einen Blick auf ein kaiserliches Österreich der Gegenwart. Manchmal sind die hypothetischen Varianten der Geschichte der eigentliche Zweck der Bücher, manchmal sind sie auch nur die Kulisse für mehr oder weniger abenteuerliche oder Kriminal-Handlungen. Hier einige Beispiele:

CARL VON BOEHEIM, *Die Kaisersaga: Utopia Austriaca* (1960 bzw. 1979)
Was wäre gewesen, wenn Kaiser Franz Joseph einen zweiten Sohn namens Franz Stefan gehabt hätte? Von Boeheim beschreibt, wie es dieser durch eine „Revolution von Oben" schafft, das Habsburgerreich zu erhalten.

OLIVER HENKEL, *Kaisertag* (2002)
Was wäre gewesen, wenn die Schüsse von Sarajevo den Thronfolger verfehlt hätten? Laut Henkel hätte der Erste Weltkrieg nie stattgefunden, und Österreich wäre unter Kaiser Franz Ferdinand reformiert worden. 1988 ist Österreich nun das „Kaiserreich Österreich-Ungarn-Böhmen", inklusive Balkanprovinzen mit autonomem Status. In Deutschland herrscht Kaiser Wilhelm V. und auch sonst hat sich die Welt in Ermangelung der beiden Weltkriege gar nicht so sehr verändert.

GUIDO MORSELLI, *Licht am Ende des Tunnels* (Contro-passato prossimo: un'ipotesi retrospettiva, 1975, deutsch 1995)
Was wäre gewesen, wenn Österreich-Ungarn-Österreicher noch in Friedenszeiten heimlich einen Tunnel nach Italien gegraben, durch diesen schon im Mai 1916 in Italien einmarschiert und die Italiener innerhalb von fünf Tagen aus dem Krieg gezwungen hätten? Morselli spekuliert, wie die Mittelmächte durch frühe Blitzkriegs-Taktiken den Ersten Weltkrieg gewinnen, was bei ihm bereits 1917 zur Gründung einer westeuropäischen, halb-sozialistischen Föderation führt, worauf auch der Zweite Weltkrieg nie stattfindet und Adolf Hitler ein obskurer Maler bleibt.

L. E. MODESITT, *Ghost Stories*
(Eine zeitlich ausgedehnte Fantasy-Serie, bestehend aus *Of Tangible Ghosts* [1995], *The Ghost of the Revelator* [1998], und *Ghost of the White Nights* [2001])

Was wäre gewesen, wenn Heinrich VIII. zugunsten seiner katholischen Tochter Mary gestürzt worden wäre und die Mayflower-Kolonie früh der Pest zum Opfer gefallen wäre?
Modesitt erzählt von Konsequenzen bis in die Gegenwart; ein Teil der Handlung beschreibt die Versuche der europäischen Supermacht Österreich-Ungarn, unter Kaiser Ferdinand VI. die Weltherrschaft zu erlangen, und die internationalen Bemühungen, das zu verhindern.

## —— THE EMPEROR'S VOICE ——

Am 2. August 1903 besprach der zu dieser Zeit knapp 73-jährige Kaiser Franz Joseph in Bad Ischl eine Wachs-Platte des damals brandneuen „Wiener Archiv-Phonographen". Es handelt sich dabei um eine der ältesten (Sprach-)Tonaufnahmen überhaupt. Sie wurde 1979 vom „Wiener Phonogramm-Archiv" als Schallplatte und 1999 in einer CD-Sammlung veröffentlicht.

Die damals übliche Aufnahme durch einen Trichter (frühe Mikrophone kamen erst gut 20 Jahre später auf) machen die Aufnahme ein wenig schwer verständlich. Durch moderne Computerbearbeitung lässt sich der ursprüngliche Ton jedoch mittlerweile besser wiedergeben.
Zu hören ist die Stimme eines sympathisch wirkenden älteren Mannes, der in sicheren und deutlichen Worten spricht. Das Deutsch österreichischer Klangfarbe ist sehr wohlklingend und wirkt ohne Abstriche noch heute verständlich und in keiner Weise fremd.

Eine der Transkriptionen (es gibt verschiedene Versuche) liefert folgenden Text:
*Erfreulich ist es, die Fortschritte zu verfolgen, welche im Laufe der letzten Jahrzehnte das Ineinandergreifen von Wissenschaft und Technik erzielt.*
*So war es [?] unter anderem die Zeichensprache des Telegraphen durch die hörbare des Telefons ergänzt.*
*Und nun gelang es auch, im Phonographen gesprochene Worte bleibend festzuhalten und sie selbst nach vielen Jahren späteren Geschlechtern wieder vorzuführen. Wohl sind die Konstruktionsschwierigkeiten des*

*letzterwähnten Apparates noch nicht vollständig überwunden. Doch wird es dessenungeachtet von Interesse sein, auch in dieser nicht ganz vollkommenen Weise die Stimmen hervorragender Persönlichkeiten aus früheren Zeiten zu vernehmen und deren Klang und Tonfall sowie die Art des Sprechens gewissermaßen als historisches Dokument aufbewahrt zu erhalten.*
*Ähnlich wie in anderem Sinne Statuen und Porträte es bisher waren; und wenn, wie ich höre, die Akademie der Wissenschaften daran geht, sämtliche Sprachen und Dialekte unseres Vaterlandes phonographisch zu fixieren, so ist das eine Arbeit, die sich in der Zukunft sicherlich lohnen wird. Es hat mich sehr gefreut, auf Wunsch der Akademie der Wissenschaften meine Stimme in den Apparat hineinzusprechen und dieselbe dadurch der Sammlung einzuverleiben.*

(Quelle: Verbesserte Fassung von Dr. W. Näser, Universität Marburg, basierend auf der Abschrift von Dietrich Schüller und Erhard Aschinger)

Auch später gab der Kaiser noch Stimmproben ab – etwa 1915 (Carl Lindström A.G.) für eine Schallplatte; die einzige für die Öffentlichkeit bestimmte Aufnahme, was aus dem Aufdruck der mit dem kaiserlichen Wappen bedruckten originalen Plattenhülle hervorgeht:
*Se. Majestät Kaiser und König Franz Joseph I. hat am 14. Dezember 1915 im kaiserlichen Schlosse zu Schönbrunn diese Platte zu Gunsten des k. k. österreichischen Militär Witwen- und Waisenfonds besprochen. Vorliegende Platte ist das einzige Stimmporträt Seiner kaiserlichen und königlichen apost. Majestät, welches des Öffentlichkeit übergeben wurde.*

## KAISERLICH-KÖNIGLICHE VORNAMENS-HITPARADE
### im Zeitraum 1273–1918

| KAISER | KÖNIGE | GESAMTWERTUNG |
|---|---|---|
| 4 x Ferdinand | 5 x Albrecht | 5 x Albrecht |
| 3 x Karl | 1 x Ernst | 4 x Ferdinand |
| 2 x Maximilian | 1 x Friedrich | 3 x Karl |
| 2 x Franz | 1 x Leopold | 3 x Leopold |
| 2 x Joseph | 1 x Rudolf | 2 x Franz |
| 2 x Leopold | | 2 x Friedrich |
| 1 x Franz Joseph | | 2 x Joseph |
| 1 x Friedrich | | 2 x Maximilian |
| 1 x Matthias | | 2 x Rudolf |
| 1 x Rudolf | | 1 x Ernst |
| | | 1 x Franz Joseph |
| | | 1 x Matthias |

## Statthalter der Österreichischen Niederlande

1716–1724: Prinz Eugen von Savoyen
1724–1741: Erzherzogin Maria Elisabeth von Österreich
1741–1744: Graf Friedrich August von Harrach-Rohan
1744–1780: Prinz Karl Alexander von Lothringen
1744–1744: Erzherzogin Maria Anna von Österreich (Mitregentin)
1780–1781: Fürst Georg von Starhemberg
1781–1793: Herzog Albert Kasimir von Sachsen-Teschen
1781–1793: Erzherzogin Marie Christine von Österreich (Mitregentin)
1793–1794: Erzherzog Karl Ludwig von Österreich

## Habsburg Recycling

In den 1990er-Jahren erregte eine Theatergruppe namens „Habsburg Recycling", bestehend aus mehreren prominenten Künstlern der Wiener Theater-Szene, immer wieder Aufsehen. So führten ihre Produktionen „X-Nacht" und „Neu-Evangelisierungs-Tour'93" zu Anzeigen und in weiterer Folge zur Eröffnung eines langjährigen Gerichtsverfahrens nach §188 StGB wegen „Herabwürdigung religiöser Lehren" (vulgo Blasphemie).
1994 und 1997 wurde die Gruppe jeweils freigesprochen, aber nach Einsprüchen der Staatsanwaltschaft 1998 schlussendlich doch verurteilt. Bei den meisten ihrer Stücke handelt es sich um interpretierte Originaltexte von Bundespräsidenten-Ansprachen, über Theater-Kritiken bis zu Texten von Johannes Paul II. (letztere als Musical).
„Habsburg Recycling", die ihre Tätigkeit selbst als „Satire" auffassen, sind in wechselnder Besetzung bis heute immer wieder aktiv.

Ihre Stücke umfassen unter anderem:

1991 *Es ist nicht ausgeschlossen, daß einige Theater in der Kurve verloren gehen*
1991 *Habsburg Recyclings Fröhliche X-Nacht*
1992 *Habsburg Recyclings Liebe Pfadfinderkinder*
1993 *Habsburg Recyclings Hausaufgaben*
1993 *Habsburg Recyclings Neu-Evangelisierungs-Tour '93*
1998 *Nazis im Weltraum*
2003 *Schurkenstaaten zu Gast im Rabenhof*
2003 *Habsburg Recyclings Bundespräsidenten-Reloaded*
2003 *Habsburg Recyclings Radio Vatican Show*

## RESTITUTION 1

Eine Frage der Restitution „enteigneter Güter" ungewöhnlicher Art beschäftigte bis 2004 die österreichischen Gerichte.
Es ging dabei um einen der stolzesten Besitztümer des Wiener Heeresgeschichtlichen Museums: das Auto, in dem der Thronfolger Franz Ferdinand und seine Gattin am 28. Juni 1914 erschossen worden sind. Es handelt sich dabei um einen 32 PS starken offenen Wagen, einen „Gräf und Stift" von 1910. Das Auto wurde dem Thronfolgerpaar von seinem damaligen Besitzer, Franz Graf Harrach, für die Fahrt durch Sarajevo geliehen. Harrach selbst fuhr mit und überlebte das Attentat unverletzt.
Die Ansichten über die weiteren Besitzverhältnisse an dem schicksalshaften Wagen gehen auseinander. Der Direktor des Museums berichtet, Graf Harrach hätte den Wagen wenige Wochen nach dem Attentat dem Kaiser (und Onkel des Opfers) geschenkt, der ihn wiederum dem Museum weitergegeben hätte, womit er in weiterer Folge in den Besitz der Republik Österreich gelangt wäre.
2002 klagte jedoch die über 80-jährige Tochter des Grafen, Alice Dreihann-Holenia, auf Herausgabe des Fahrzeuges. Laut Dreihann-Holenia wäre es ihr ursprünglich gar nicht um den Besitz des Wagens gegangen, sie wollte lediglich die Besitzverhältnisse klarstellen und das Auto im Museum belassen. Aber als die Museumsleitung und das Verteidigungsministerium ihr nur sehr unhöflich antworteten, entschloss sie sich zur Klage. Laut der Erbin gäbe es keinen Beweis für die Schenkung, vielmehr hätte ihr Vater den Wagen dem Kaiser nur leihweise überlassen, was sie auch durch Briefe und Dokumente beweisen könne.
Alle österreichischen Instanzen bis zum Obersten Gerichtshof jedoch entschieden gegen die Klägerin und sprachen das Auto im Sommer 2003 endgültig der Republik zu, was Dreihann-Holenia aber nur dazu brachte, die Causa vor den Europäischen Gerichtshof für Menschenrechte zu bringen.
Der Streitwert ist – theoretisch – jedenfalls erheblich. Ein Auto von Kaiser Karl, das in der Wagenburg in Schloss Schönbrunn zu sehen ist, wurde – ohne von derart historischer Bedeutung zu sein – auf über 4,3 Millionen Euro versichert.

## Fast ein Kriegsheld

Obwohl er nicht selbst an der Front kämpfte, wurde Kaiser Karl I. doch beinahe ein Opfer des Ersten Weltkrieges: Am 11. November 1917 fiel er anlässlich eines seiner zahlreichen Frontbesuche in einen Hochwasser führenden italienischen Fluss (eigentlich Wildbach, it. *torrente*) namens „Torre", wurde allerdings von seiner Begleitung gerettet. Zur Erinnerung an diese Errettung aus Lebensgefahr wurde zwar nicht gleich eine zweite Votivkirche gebaut – die ja nach einem misslungenen Attentat auf Karls Vorgänger Franz Joseph aus Dankbarkeit und aus von Erzherzog Maximilian gesammelten Spendengeldern errichtet worden war – aber immerhin wurde eine „Große Erinnerungsmedaille" aus Bronze hergestellt. Sie zeigt einen Krieger mit einem Flammenschwert in der einen Hand und einem Adler auf dem Unterarm der anderen, in einem Fluss watend, und trägt auf der Rückseite die Inschrift „Zur Erinnerung an die Errettung aus Lebensgefahr – Die bildenden Künstler Wiens", mit Umschrift verschiedener Künstlervereinigungen, unter anderem auch der *Secession*.

## Modefarbe Schwarz

Nach dem Selbstmord ihres Sohnes Rudolf 1889 trug Kaiserin Elisabeth auch nach Ablauf des Trauerjahres bis an ihr Lebensende 1898 – immerhin neun Jahre lang – nur mehr schwarze Kleidung. Ausnahmen waren nur Festanlässe wie die Hochzeit ihrer Tochter, bei der Sisi in einem taubengrauen Kleid erschien.

Vielleicht übernahm die Kaiserin diese Trauergeste von einer der Vorfahren ihres Mannes, Maria Theresia, die nach dem Tod ihres Gemahls Franz Stephan von 1765 bis zu ihrem Tod 1780 – fünfzehn Jahre lang – stets Trauerkleidung trug und schwarz umrandetes Papier verwendete. Vielleicht stand aber auch Königin Viktoria von England dafür Pate. Diese trug nach dem Tod ihres geliebten Gatten Albert von 1861 bis zu ihrem Tod im Jahre 1901 nur mehr schwarze Witwentracht und ist mit insgesamt 40 Jahren vermutlich die Rekordhalterin in dieser Disziplin.

## Zwist um das Haus Habsburg

Auch das offizielle Österreich der Nachkriegszeit blieb vom Thema Habsburger nicht unberührt. So kam es zwischen 1958 und 1966 zum so genannten „Habsburgerstreit".

Der Knackpunkt: Die beiden größten Parteien ÖVP und SPÖ, damals in Koalition, waren sich jahrelang uneins über den Antrag auf Einreiseerlaubnis für Otto Habsburg, den Sohn des letzten Kaisers.

Dieser hatte – nach Jahrzehnten – am 21. Februar 1958 endlich eine Verzichtserklärung in Bezug auf seine Herrschaftsansprüche abgegeben. Am 31. Mai 1961 erweiterte er seine Erklärung und versicherte, auch auf die Mitgliedschaft zum Haus Habsburg-Lothringen und auf alle Herrschaftsansprüche zu verzichten sowie ein treuer Staatsbürger der Republik Österreich werden zu wollen.

Der Ministerrat kam aber am 13. Juni 1961, wegen einiger Details der Erklärung, zu keiner einheitlichen Auffassung. Daher wurde der Antrag als abgelehnt betrachtet.

Dagegen legte Otto von Habsburg beim Verfassungsgerichtshof Beschwerde ein. Diese wurde jedoch wiederum im Dezember 1961 „wegen Nichtzuständigkeit" abgelehnt. Als nächstes brachte Otto Beschwerde beim Verwaltungsgerichtshof ein (wegen Verletzung der Entscheidungspflicht durch die Regierung). Dieser gab ihm am 24. Mai 1963 Recht. Damit wäre seiner Einreise eigentlich nichts mehr im Weg gestanden.

Aber am 5. Juni 1963 kam es im Nationalrat zu weiteren heftigen Debatten und zwar aufgrund der „widersprüchlichen Entscheidungen" der beiden Höchstgerichte. Es kam zur innenpolitischen Krise.

Weitere Erklärungen, etwa die, dass Ottos Heimkehr dem Ansehen Österreichs schaden würde, folgten.
Am 24. März 1964 beschlossen die beiden Regierungsparteien daher die Sache „in Wahrung der Verfassung" und „gemeinsam auf friedliche Weise und auf Dauer" zu lösen. Man setzte sich einen Termin für 1966, nach dem Ende der laufenden Legislaturperiode.
Nach der Wahl erhielt die ÖVP die absolute Mehrheit und Otto von Habsburg am 1. Juni 1966 einen Reisepass. Die SPÖ protestierte weiterhin, setzte sich aber nicht durch.
Schließlich reiste am 31. Oktober 1966 Otto tatsächlich zum ersten Mal nach Österreich ein – allerdings nur für wenige Stunden. Dennoch kam es gegen diese Einreise bereits am 2. November zu einem Streik von rund 250.000 Arbeitnehmern in ganz Österreich. Erst als dem ÖGB von der Regierung zugesichert wurde, dass Otto (von) Habsburg-Lothringen kein Vermögen der Republik ausgehändigt werde, war die Sache endlich erledigt.

## Die Länder
### des österreichischen Kaisertums (1850)

Königreich Böhmen
Königreich Ungarn
Königreich Dalmatien
Königreich Galizien und Lodomerien
Königreich Kroatien und Slawonien
Lombardo-Venezianisches Königreich
Erzherzogtum Österreich
Herzogtum Kärnten
Herzogtum Krain
Herzogtum Salzburg
Herzogtum Schlesien
Herzogtum Steiermark
Herzogtum Bukowina
Woiwodschaft Serbien und Tamisch Banat
Großfürstentum Siebenbürgen
Markgrafschaft Mähren
Markgrafschaft Istrien
Gefürstete Grafschaft Tirol
Grafschaft Görz und Gradisca
Vorarlberg

## „Sissi", blond

In der internationalen Zeichentrickserie *Sissi – Die Prinzessin* (*Princess Sissi*, 1997, Kanada/Frankreich/Deutschland/Italien) wird in 52 Folgen die Geschichte von Kaiser Franz Joseph und Elisabeth, von ihrem ersten Treffen über verschiedenste Schwierigkeiten und Hindernisse bis zu ihrer Hochzeit, erzählt. Die Handlung orientiert sich – zuzüglich jeder Menge abenteuerlicher Eskapaden und Verwicklungen, so wird etwa „Sissis" Vater Herzog Max durch eine Intrige des revolutionären Aufstandes inklusive des Anzündens der Wiener Hofoper verdächtigt und exiliert – locker an der Marischka-Verfilmung.
Im Übrigen ist „Sissi" blond. Vermutlich um der im Zuge der Serie produzierten Produktwelle (Plastikpüppchen bis Mädchenmagazin) bessere Verkaufschancen einzuräumen.
Der Reigen der 52 Folgen führt von *Willkommen in Possenhofen* (1) über *Abschied von Franz* (2), *Die Festung des Grauens* (20), *Der geraubte Brautschmuck* (27), *Die Oper brennt!* (28), und *Possenhofen in Gefahr* (33) bis zum finalen *Triumph der Liebe* (52).

Auf http://www.teletoon.com/Games/Sissi/eng/index2.htm kann man in die Welt von „Sissi" eintreten und sie unter anderem per Mausklick mit schönen Roben bekleiden.

## Mussolinis Mayerling

Der italienische Diktator Benito Mussolini schrieb 1909 einen (halbdokumentarischen) Kurz-Roman mit dem Titel *Rudolf* über den Tod von Kronprinz Rudolf und der Baronesse Mary Vetsera – 13 Jahre vor der Machtergreifung der Faschisten.
Mussolini versuchte sich zu dieser Zeit als Journalist und Autor. Der Roman war als Propagandaschrift gegen die Habsburger-Monarchie geplant und handelt hauptsächlich von politischen und klerikalen Intrigen. Damit nicht genug, plante der spätere „Duce" eine ganze Serie mit dem Titel *Geschichte des Österreichischen Habsburgerhauses* – unter anderem auch einen Roman über Kaiserin Elisabeth und Franz Joseph.
Der Text wurde von der rechtsgerichteten italienischen Zeitschrift *Il Borghese* 1973 erstmals veröffentlichen. Das Original-Manuskript befindet sich heute in der Bibliothek der Universität Stanford in den USA.
Der breiten Öffentlichkeit wurde der Roman erst 2005 bekannt, als ihn die italienische Illustrierte *Gente* im Rahmen der Berichterstattung zur Neuverfilmung des Dramas (*Rudolf*, Regie: Robert Dornhelm) komplett abdruckte. Geschmackvollerweise schildert Mussolini darin den

Doppelselbstmord als Folge einer Art Sexorgie: Unter anderem beschreibt er, wie die Baronesse dem Thronfolger den Penis abschneidet und daraufhin von ihm erschossen wird.

## —— Franz Joseph, süss ——

Das Rezept für „Germgugelhupf Franz Joseph à la Konditorei Zauner" (Bad Ischl)

ZUTATEN:
1/4l Milch, 30 g Germ, 500 g glattes Weizenmehl, 150 g Butter, 180 g Kristallzucker, 6 Eidotter, Prise Salz, abgeriebene Schale einer Zitrone, Zimt, Rosinen, Butter für die Form, gehobelte Mandeln.

ZUBEREITUNG:
Milch lauwarm anwärmen, darin die Germ auflösen und mit einem Teil des Mehls zu einem weichen Dampfl abmischen. Das restliche Mehl über das Dampfl geben und dieses warm stellen.
Butter mit Kristallzucker gut schaumig rühren, dann die Dotter unterrühren. Das reife Dampfl mit Salz und Zitronenschale zur Butter-Dotter-Masse geben und das Ganze zu einem etwas weich gehaltenen Germteig abmischen. Den Teig so lange schlagen, bis er sich seidig anfühlt und vom Kesselrand löst.
Germteig zugedeckt 30 Minuten rasten lassen. Danach auf dem Nudelbrett ca $1/2$ cm dick im Quadrat ausrollen, gleichmäßig mit Zimt und Rosinen bestreuen. Teig zusammenrollen, in die mit Butter ausgestrichene und mit gehobelten Mandeln ausgestreute große Gugelhupfform legen und mit Butter bestreichen. Den Teig in der Gugelhupfform warm stellen und bis knapp unter den Rand aufgehen lassen. Bei 180 Grad etwa 40 Minuten backen.
Angezuckert servieren.

(Quelle: www.zauner.at)

## ÖSTERREICHS „EINZIGE KOLONIE"?
## TEIL 2

Während das Franz-Joseph-Land immer wieder gerne scherzhaft als „Österreichs einzige Kolonie" bezeichnet wird, gibt es eine andere Weltgegend, die diesen Titel eher verdient hätte: die Nikobaren im östlichen Teil des Indischen Ozeans.

Tatsächlich waren vier dieser (insgesamt 200) Inseln fünf Jahre lang, von 1778 bis 1783 – also in der Zeit der gemeinsamen Herrschaft Maria Theresias und Josephs II. –, eine österreichische Kolonie.

So wie andere europäische Großmächte auch, versuchte man Handelsposten in Asien zu errichten und bediente sich dafür einer schillernden Figur: des wegen Opiumhandels von der britischen *East Indian Company* gefeuerten Holländers William Bolts. Der Plan dieses Abenteurers sah vor, „freies" Land in Ostasien für Österreich zu erobern bzw. zu kolonialisieren. Zwar war ihm damit kein großer Erfolg beschieden, aber immerhin erreichte er mit dem vom Kaiserhaus ausgerüsteten Schiff „Joseph und Maria" die Nikobaren, wo die Ureinwohner am 12. Juni 1778 tatsächlich ein Dokument „unterzeichneten", das vier der Inseln zur österreichischen Kronkolonie erklärte. Allerdings bestehen auch Zweifel an der Legitimität des Papiers, das auf Seiten der Ureinwohner nur mit Kreuzen unterzeichnet wurde.

Die Aufgabe eine Kolonie zu errichten und auszubauen wurde sechs Österreichern übertragen, die jedoch keine weitere Unterstützung aus der Heimat erhielten und alle in den folgenden Jahren (bis 1783) verstarben, was zugleich das Ende der Kolonie bedeutete.

Die Nikobaren wurden später von den Briten, ab 1947 von Indien beherrscht bzw. verwaltet. Eine der Inseln heißt jedoch bis heute noch „Teressa".

Diese kuriose Episode österreichischer Geschichte hatte allerdings im Jahr 2005 ein unerwartetes Nachspiel: Von der Tsunami-Katastrophe am 26. Dezember 2004 waren auch die Nikobaren und Andamanen stark betroffen, mindestens 10.000 Nikobaresen starben, bis zu einem Drittel der einheimischen Bevölkerung. Unter ihnen auch die meisten älteren Bewohner – und damit die Bewahrer der von manchen auf 60.000 Jahre geschätzten Kultur.

Zwar müssen die Bewohner der Inseln im Zuge des Wiederaufbaus notgedrungen einen Sprung ins 21. Jahrhundert unternehmen, versuchen aber gleichzeitig möglichst viel ihrer alten Kultur zu bewahren bzw. wiederzuerlangen.

Und gerade hier spielt Österreich eine unerwartet wichtige Rolle: Das Wiener Museum für Völkerkunde besitzt eine wichtige Sammlung nikobaresischer Objekte. Diese sind nun zusammen mit den Forschungsergebnissen des in Wien arbeitenden und aus Indien stammen-

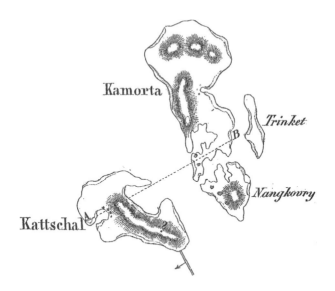

*Einige Jahre hindurch „Kolonialbesitz" der Habsburgermonarchie:
vier Inseln der Nikobaren.
Aus „Die Nikobarischen Inseln" von H. J. Rink, 1847.*

den Humanökologen Simron Jit Singh, der seit 1999 mehrmals die Inseln besuchte und das Leben, den Alltag und die Riten der dort Lebenden dokumentierte, eine wichtige Informationsquelle für die Überlebenden.

## Der Ausstellungserzherzog

Erzherzog Karl Ludwig, einer der Brüder von Franz Joseph, galt als mäßig begabt und wenig ehrgeizig. Dazu war er erzkonservativ und ein Vertreter des Hauses Habsburg durch und durch. Deshalb sandte man ihn auch gern zu offiziellen Anlässen und er wurde gleich im Dutzend Protektor verschiedenster Institutionen. Was ihm auch den oben genannten Beinamen eintrug.

Darüber hinaus war er sehr katholisch, segnete im Vorbeifahren sogar Passanten, besuchte auch das Heilige Land, trank – verseuchtes – Jordanwasser und starb kurz darauf an einer schweren Infektion.

## STICHWORT: MARIA THERESIA

- Geboren am 13. 5. 1717 in Wien.
- Wurde im Familienkreis (und hinter vorgehaltener Hand vom Volk) „Reserl" genannt, ihren Mann Kaiser Franz I. Stephan nannte sie „Mäusl" oder „mon cher Alter".
- In Schönbrunn ließ sich die „ewigschwangere Kaiserin" einen umschnallbaren Schreibtisch inklusive Tintenfass konstruieren, um beim Lesen und Unterschreiben von Dokumenten im Garten spazieren gehen zu können.
- Als ihrem Sohn Leopold II. am 12. 2. 1768 ein männlicher Erbe (der spätere Kaiser Franz I./II.) geboren wird, wirft sie sich, schon im Nachtgewand, schnell einen Mantel über und eilt in die Hofloge des Burgtheaters, um den Wienern zuzurufen:
*Denkt's enk, der Poldl hat an Buaben, und grad auf mein' Hochzeitstag – alstern der is galant, is net wahr?*

- Bei der Besichtigung des von dem Paar schon zu Lebzeiten in Auftrag gegebenen Doppelsarges bemerkte sie 1754: *Hier wird einmal gutt ruhen seyn.*
- Dass ihr Mann viel fremdging, wussten alle, ja, es blieb auch niemandem verborgen, da etwa in der – gut von Vorhängen verschlossenen – Loge der Gräfin Auersperg im Hoftheater, wenn die Musik leiser wurde, öfter das charakteristische Husten des an einem chronischen Katarrh leidenden Kaisers zu hören war.
- Als er starb, notierte Maria Theresia in ihr Gebetbuch:
*Kaiser Franciscus mein gemahl hat gelebt 56 Jahr, 8 monat, 10 tage, ist den 18. augusti 1765 gestorben halbe 10 Uhr Abends. Also gelebt monate 680, wochen 2.958, täge 20.778, stunden 496992. Mein glickhlicher ehestand war 29 jahr, 6 monat, 6 täge, umb die nembliche stund, als ihme die hand gegeben, auch an einen sontag ist er mir plötzlich entrissen worden.*

- Sie besaß ein Totenbild ihrer Mutter (der Kaiserin Elisabeth Christine), das sie im so genannten „Schwarzen Kabinett" aufbewahrte: einem Raum, in dem sie vor dem Totenbild ihres Gemahles und ihrem eigenen – vorweggenommenen – Totenbild täglich ihre Andacht verrichtete.
- Im Alter war sie ausgesprochen dick und konnte sich kaum bewegen. In Schönbrunn wurde sie auf einem Kanapee mit Seilen hinauf und hinunter, aber auch von Raum zu Raum gezogen. In der Hofburg ließ sie angeblich deshalb die Augustinerrampe errichten, um mit der Kutsche in die oberen Stockwerke fahren zu können.
- Auch zum Besuch des Grabes ihres Gemahls wurde sie in die Kapuzinergruft auf einem Stuhl sitzend an einem Seil heruntergelassen.

– Sie starb am 29. 11. 1780 in Wien.
– Friedrich II. von Preußen, der ihr in blutigen Kriegen Schlesien entrissen hatte, notierte dazu am 6. 1. 1781:
*Sie hat ihrem Thron und ihrem Geschlecht Ehre gemacht; ich habe mit ihr Krieg geführt, aber ich war nie ihr Feind.*

## Pfarrer Kneipp
## und der Ischias Seiner Durchlaucht

Im Laufe einer Vortragsreise über seine Methoden erhielt der Naturheilkundler und Pfarrer Sebastian Kneipp im Jahr 1892 eine Nachricht: Wenn möglich, solle er doch bitte seine Reise Richtung Ungarn fortsetzen, um dort das Ischiasleiden von Erzherzog Josef – dem Oberbefehlshaber der Armee in Ungarn und einer der wichtigsten Persönlichkeiten der Doppelmonarchie – zu kurieren. Kneipp fuhr nach Ungarn, sah und heilte. Der Erzherzog war dem „Wasser-Pfarrer" sehr dankbar und unterstützte in Folge nicht nur großzügig den Ausbau von Kneipps Heilstätten („Sebastianeum" und „Kneippianum"), sondern verschaffte ihm auch durch höchstgnädige Mundpropaganda gekrönte und adelige Kundschaft aus ganz Europa. Diese und einige weitere persönliche Besuche von Erzherzog Josef in Kneipps Wirkstätte Wörishofen trugen nicht unwesentlich zum Ruhm von Kneipp und der internationalen Verbreitung seiner Heilmethoden bei.

## Einige von Erzherzog Johann angeregte Gründungen

Historischer Verein für Steiermark (1850)
Joanneum Graz
Landesoberrealschule
Steiermärkische Landwirtschaftsgesellschaft
Steiermärkische Sparkasse
Steiermärkisches Landesarchiv
Vordernberger berg- und hüttenmännische Lehranstalt
(heute Montanuniversität Leoben)
Vordernberger Radmeister-Communität
Wechselseitige Brandschadenversicherungsanstalt

Weiters setzte der „steirische Prinz" die Trassenführung der Südbahn über den Semmering und durch das Mürz- und Murtal nach Graz durch.

## Freud und die Habsburger

Sigmund Freud war ein überzeugter Bürger des Vielvölkerstaates und hatte eine teilweise innige Beziehung zur Donaumonarchie. Beim Ausbruch des Ersten Weltkriegs 1914 formulierte er dies gekonnt psychoanalytisch: „Meine ganze Libido gilt Österreich-Ungarn!"
An der herrschenden Dynastie hatte er dagegen weitaus weniger Freude – unter anderem verdankte er die Verzögerung seiner Ernennung zum außerordentlichen Professor direkt dem Kaiserhaus. Über die Familie Habsburg äußerste sich Freud daher zeitlebens immer wieder recht spöttisch. Erhalten sind u. a. folgende Aussagen:

„Als Du mich in Deinem lieben Schreiben auf den 18. August als den Geburtstag Seiner apostolischen Majestät Kaisers Franz Joseph I. aufmerksam machtest, wußtest Du wahrscheinlich nicht, daß zwei Tage darauf die Völker Österreichs den erhebenden Moment des Großjährigkeitsantritts unseres erlauchten Kronprinzen feiern würden … solche Tage [sind] immerhin denkwürdig, weil sie auf das wenig beachtete Phänomen hindeuten, daß auch Kronprinzen alle 365 Tage um ein Jahr älter werden. Einige Zeitungen, die ich aus Anlaß dieses Ereignisses gelesen, gebärden sich wie närrisch vor Überraschung und geben – ich weiß nicht, ob gratis oder gegen Barzahlung – unaussprechlichen Unsinn von sich; so bedauert ihn eine, daß er von jetzt an der Illusionen der goldenen Jugend verlustig geht und sein Sinnen und Trachten auf

die zukünftige Regierung eines großen Reiches konzentrieren muß. Als ob nicht die nutzlosesten Dinge von der Welt in folgender Ordnung wären: Hemdkrägen, Philosophen und Monarchen."
*(Freud sarkastisch in der Antwort auf einen Brief, in dem er auf den Geburtstag des Kaisers am 18. August hingewiesen wurde – drei Tage darauf, am 21. August 1874, wurde Kronprinz Rudolf 16 Jahre alt.)*

„Mit der Photographie des Erzherzogs Franz Ferdinand ist es mir schlecht ergangen. Sie existiert nicht im Profil, wahrscheinlich hat er keines: – Defektbildung ... Sollte(st)... Du sein blödes Angesicht auch en face verwerten können, so laß es mich schnell wissen."
*(Freud noch härter in der Antwort auf die Bitte eines Berliner Freundes um ein Foto des Thronfolgers.)*

„Die Wiener Zeitung hat die Ernennung noch nicht gebracht, aber die Nachricht, daß sie bevorstehe, hat sich von der amtlichen Stelle aus rasch verbreitet. Die Teilnahme der Bevölkerung ist sehr groß. Es regnet auch jetzt schon Glückwünsche und Blumenspenden, als sei die Rolle der Sexualität plötzlich von Sr. Majestät amtlich anerkannt, die Bedeutung des Traumes vom Ministerrat bestätigt und die Notwendigkeit einer psychoanalytischen Therapie der Hysterie mit 2/3 Majorität im Parlament durchgedrungen."
*(Freud ironisch 1902 in einem Brief an einen Freund anlässlich seiner Ernennung zum außerordentlichen Professor.)*

## GEGENVERKEHR

Am 23. März 1919 begegnete in einem Gegenzug sitzend Stefan Zweig zufällig dem ins Schweizer Exil fahrenden Kaiser Karl. Dazu notierte Zweig in seinem Werk *Welt von Gestern* (Stockholm 1947):

„... Und nun sah ich seinen Erben, den letzten Kaiser von Österreich, als Vertriebenen das Land verlassen. Die ruhmreiche Reihe der Habsburger, die von Jahrhundert zu Jahrhundert sich Reichsapfel und Krone von Hand zu Hand gereicht, sie war zu Ende in dieser Minute. Alle um uns spürten Geschichte, Weltgeschichte in dem tragischen Anblick. Die Gendarmen, die Polizisten, die Soldaten schienen verlegen und sahen leicht beschämt zur Seite, weil sie nicht wußten, ob sie die alte Ehrenbezeigung noch leisten dürften, die Frauen wagten nicht recht aufzublicken, niemand sprach ...
... In diesem Augenblick war die fast tausendjährige Monarchie erst wirklich zu Ende. Ich wußte, es war ein anderes Österreich, eine andere Welt, in die ich zurückkehrte."

## Der Kaiser, privat

- Kaiser Franz Joseph trug gerne Uniform und entwickelte daraus geradezu einen Kult. Er besaß mehrere 100 aus aller Welt und trug etwa gerne zu Ehren ausländischer Gäste eine Uniform von deren Militär. Erhalten hat sich unter anderem ein Foto des Kaisers in der Uniform eines Oberstinhabers des britischen 1.-Garde-Dragoner-Regiments.
  Sein Kammerdiener meinte einmal, dass es eines eigenen Studiums bedürfe, all die Uniformen auseinander zu halten und auch ihre jeweils korrekte Adjustierung zu kennen.
- Franz Joseph hatte übrigens Angst vor Hunden, auch vor denen seiner Gattin, die sie fast ständig umgaben.
- Feldmarschall Radetzky war der einzige enge Freund von Kaiser Franz Joseph. Während sich sogar seine Familie nach dem strengen Hofzeremoniell anmelden musste und ihm Fragen nur indirekt und schriftlich stellen durfte, hatte der Feldherr als Einziger jederzeit ohne Anmeldung Zutritt zum Kaiser.
- Kaiser Franz Joseph war passionierter Raucher. Meist verwendete er einen langen Zigarettenspitz mit kleinem Meerschaumkopf, in erster Linie, damit ihn der Rauch nicht in den Augen störte. Nur bei der Jagd rauchte der Kaiser aus praktischen Gründen eine kleine Pfeife.
  Franz Joseph bevorzugte ursprünglich Virginia-Zigarren und wechselte erst später, als sie ihm seine Ärzte nicht mehr gestatteten, zur Sorte „Regalia Media". Zu seinem Geburtstag am 18. August gönnte sich der Kaiser jedoch stets eine Virginia.
- In der Hofburg grenzt das Schlafzimmer Franz Josephs direkt an sein Arbeitszimmer und unmittelbar daran sein Empfangszimmer. Da er oft auch an seinem Arbeitstisch aß – er verlangte nie nach Essen, sondern wartete geduldig, bis man ihm etwas brachte – und ein akribischer Aktenstudierer war, gab es Tage, an denen er aus diesen drei eher kleinen Zimmern nie herauskam.
- Seine Frau hat er, trotz geringer Erwiderung, sein Leben lang geliebt. Er gab Elisabeth in fast allem nach, erfüllte ihr fast jeden Wunsch

und unterschrieb sich in Briefen traurig als „dein armer Kleiner". Nach ihrem Tod sagte er zu seinem Adjutanten Graf Paar: „Sie wissen nicht, wie sehr ich diese Frau geliebt habe."

## Hoflieferanten, aktuell

Einige heute noch existierende ehemalige Hoflieferanten und eigene Unternehmen des Hofes:

### k.u.k. Hoflieferanten:

A. E. Köchert – k.u.k. Hof- und Kammer-Juwelier und Goldschmied
Albin Denk – k.u.k. Hoflieferant (Porzellan)
Bösendorfer – k.u.k. Hof- und Kammerklavierfertiger
Demel – k.u.k. Hofzuckerbäcker
freytag & berndt – k.u.k. Hof-Kartographische Anstalt
Hotel Sacher – k.u.k. Hoflieferant (Kaffee, Torten)
Kattus – k.u.k. Hoflieferant (Sekt)
Lobmeyr – k.k. Hof-Glas-Niederlage
Wilhelm Jungmann & Neffe – k.u.k. Hof- und Kammerlieferant (Seiden- und Wollstoffe)
Zum Schwarzen Kameel – k.u.k. Hoflieferant (Wein, Feinkost)

### Eigene Unternehmen des Hofes:

Augarten Wien – k.k. Wiener Porzellanmanufaktur
Verlag der k.u.k. Hof- und Staatsdruckerey

## Nepotismus à la Habsburg

Unter Nepotismus (vom lateinischen Wort *nepos* für „Geschwistersohn") versteht man im Allgemeinen die Vergabe wichtiger Ämter an nahe Verwandte. Im Hause Habsburg hat das Wort jedoch eine noch wörtlichere Bedeutung. Sehr oft wurde nämlich in der Familie die Kaiserwürde nicht auf einen Sohn, sondern auf einen Neffen übertragen. So war zum Beispiel auch die Thronfolge der letzten drei Habsburgerkaiser eine Sache zwischen Onkeln und Neffen:
– Ferdinand II. war der Onkel von Franz Joseph I.
– Franz Joseph I. war der Onkel des ermordeten Thronfolgers Franz Ferdinand.
– Franz Ferdinand war der Onkel von Karl I.

## AN MEINE VÖLKER 1

Kaiser Franz Joseph erklärt am 28. Juli 1914 seinen Untertanen, warum die Monarchie in den Krieg gegen Serbien ziehen müsse:

## JODLER

Der vergessene Komponist des Erzherzog-Johann-Jodlers war Matthias Rattschüller (1797–1869), Gewerbeoberlehrer in Judenburg und Vater von 23 Kindern (aus zwei Ehen) und Schüler des Bruckner-Lehrers Simon Sechter. Rattschüller komponierte neben Klavierstücken und einem Streichquartett auch noch einige weitere fürstliche Jodler, und zwar den:

*Erzherzog-Franz-Joseph-Jodler*
*Erzherzog Karl-Ludwig-Jodler*
*Erzherzog-Ludwig-Viktor-Jodler*
*Erzherzogin-Maria-gebürtige-Prinzessin-beider-Sizilien-Jodler*
*Ezherzog-Karl-Salvator-Jodler*
*In-Memoriam-Erzherzog-Karl-Ambrosius-von-Österreich-Este,-Erzbischof-von-Gran- und Primus-von-Ungarn-Trauer-Jodler*

Das tat er auch als Reaktion darauf, dass der Erzherzog-Johann-Jodler zwar rasend schnell ein internationaler Hit wurde, sein Komponist – trotz vieler Protestschreiben – meist aber vergessen oder sogar falsch angegeben wurde. Matthias Rattschüller starb angeblich sogar bei einem Wutausbruch, den er bekam, als er in der Zeitschrift *Signale für die musikalische Welt* lesen musste, dass sein Erzherzog-Johann-Jodler Johannes Brahms zugeschrieben wurde. Bis heute wird sein Werk der traditionellen Volksmusik oder anderen Komponisten (z. B. dem Mundartdichter Anton Schosser, 1801–1849) zugeschrieben.

Hier der Text:

„Wo i geh und steh, tuat mir's Herz so weh
um mei Steiermark, ja glaubt's mir's g'wiß!
Wo das Büchserl knallt, und der Gamsbock fallt,
wo mein liawa Herzog Johann is'!
   *Holaredlduliri, diridldulio, diridldulio, diridldulio.*
   *Holaredlduliri, holaredlduliri, ridirididuliridi redlduliri,*
   *di redlduliri, di rijodirijoi ri.*
Wer die Gegend kennt, wo ma's Eisen z'rennt,
wo die Enns daherrauscht durch das Tal,
und vor lauter Lust schlagt an da die Brust,
wia all's lebt so lusti überall.
   *Holaredlduliri …*
In sein Steirerg'wand auf der Felsenwand,
schauts: Erzherzog Johann steht noch dort.
'S hoaßt, er war schon tot – o du liawa Gott!
Für uns Steirer lebt er fort und fort.
   *Holaredlduliri …* "

## Sisi-Enkel

Kaiserin Elisabeth war Großmutter von 15 Enkeln, von denen neun noch zu ihren Lebzeiten geboren wurden. Dass ein herzlicher Kontakt zwischen Oma und Enkelkindern bestand, darf aber aufgrund des Lebensstils der Kaiserin eher nicht angenommen werden. Die Enkel waren:

- Elisabeth Marie Prinzessin von Bayern (1874–1957)
- Augusta Maria Louise Prinzessin von Bayern (1875–1964)
- Georg Prinz von Bayern (1880–1943)
- Konrad Luitpold Franz Joseph Maria Prinz von Bayern (1883–1969)

(Die Kinder von *Gisela Louise Marie Erzherzogin von Österreich* und *Leopold Maximilian Joseph Maria Arnulf Prinz von Bayern*)

- Elisabeth Marie Erzherzogin von Österreich (1883–1963)

(Die Tochter von *Rudolf Franz Karl Joseph Kronprinz von Österreich* und *Stéphanie Clothilde von Belgien*)

- Elisabeth Franziska Erzherzogin von Österreich (1892–1930)
- Franz Karl Salvator Erzherzog von Österreich (1893–1918)
- Hubert Salvator Erzherzog von Österreich (1894–1971)
- Hedwig Erzherzogin von Österreich (1896–1970)
- Theodor Salvator Erzherzog von Österreich (1899–1978)
- Gertrud Erzherzogin von Österreich (1900–1962)
- Maria Erzherzogin von Österreich (1901–1936)
- Clemens Salvator Graf von Altenburg (1904–1974)
- Mathilde Maria Antonia Ignatia Erzherzogin von Österreich (1906–1991)
- Agnes von Habsburg-Lothringen (1911)

(Die Kinder von *Marie Valerie Erzherzogin von Österreich* und *Franz Salvator Erzherzog von Österreich*)

## Shakespeares Wien

Für seine Komödie *Maß für Maß* (*Measure for Measure*, vermutlich 1603) wählte William Shakespeare als Handlungsort Wien zur Habsburgerzeit. Allerdings hat dieses Wien noch weniger mit dem echten Wien zu tun als das echte Venedig mit Shakespears Venedig oder das echte Dänemark mit Shakespeares Dänemark. Seine historischen und geographischen Kenntnisse dürften eher beschränkt gewesen sein – oder sie waren ihm und seinem Publikum schlichtweg egal.

Jedenfalls heißt der Beherrscher Wiens bei ihm „Vincentio", ist Herzog (und kein Erzherzog), und auch die meisten anderen Personen tragen

eher italienische, französische oder lateinische Namen (Angelus, Escalus, Claudio, Lucio, Bernardine, Isabella, Mariana …)
Die Handlung – der Herzog reist ab und sein bigotter Stellvertreter Angelo verbietet de facto Sex – ist ebenso eher fiktiv. Nur die Erwähnung eines „Königs von Ungarn" könnte sich auf damals aktuelle Konflikte Englands mit Kaiser Rudolf II., der auch ungarischer König war, beziehen. Die im Stück wesentliche Schließung aller Bordelle wiederum könnte sich auf zeitgenössische Ereignisse in England beziehen – es ist aber auch nicht ganz auszuschließen, dass Shakespeare irgendwo etwas von der 1560 von Kaiser Ferdinand gegründeten „geheimen Keuschheitskommission" gehört hatte und diese kuriose Sittenschnüffelei in seinem Stück literarisch verarbeitete.

## Sissi, Sisi, Sissy, Lisi?

Noch immer umstritten ist die Frage, wie Kaiserin Elisabeths Kosename tatsächlich lautete. „Sissi" ist mit ziemlicher Sicherheit falsch, auch wenn unter anderem die Filme sowie zahlreiche Produkte diesen Namen tragen und weiterverbreiten.
Immer mehr setzt sich die aus ihrer Unterschrift in privaten Dokumenten abgeleitete Schreibweise „Sisi" durch. Diese ganz und gar ungewöhnliche Abkürzung würde zwar zu der ganz und gar ungewöhnlichen Kaiserin passen, aber in jüngster Zeit sind verstärkt Zweifel an diesem Namen aufgetaucht. Manche Forscher wollen nun in Elisabeths Unterschrift kein „S" sondern einfach ein geschwungenes „L" erkennen – was aus der extravaganten „Sisi" eine bayerisch-bodenständige „Lisi" machen würde. Eine Kurzform, wie sie ja auch in Österreich durchaus gebräuchlich ist. Die These wurde erstmals 1998 durch den Starnberger Antiquar Paul Heinemann verbreitet und hat seit damals beständig an Akzeptanz gewonnen.
Andere Quellen vermuten wieder, dass Elisabeth einfach von verschiedenen Personen verschieden abgekürzt worden sei: „Lisi" von ihrem Vater, „Sis(s)i" am Wiener Hof, und es finden sich sogar Hinweise darauf, dass sie in ihrer Jugend auch „Setha", „Beta" und „Sissy" gerufen worden ist. Letztere Schreibweise taucht sogar noch in der späteren Korrespondenz der Kaiserin auf.

## DIE BELEGSCHAFT DER KAPUZINERGRUFT

In der traditionellen Begräbnisstätte der Habsburger befinden sich 92 frei stehende Särge, aber durch Nischengräber, Kolumbarnischen und einige Herzurnen über 140 Tote, darunter 12 Kaiser und 19 Kaiserinnen und Königinnen. Genau:

GRÜNDERGRUFT
Kaiserin Anna (1585–1618)
Kaiser Matthias (1557–1619).

LEOPOLDSGRUFT
*a) Kolumbarnischen (Kindersärge)*

Kinder von Kaiser Ferdinand III.:
Maximilian Thomas (1638–1639)
Philipp August (1637–1639)
Theresia Maria (1652–1653)
Ferdinand Josef (1657–1658)

Kinder von Kaiser Leopold I.:
Ferdinand Wenzel (1667–1668)
Johann Leopold (1670)
Maria Anna (1672)
Anna Maria Sophia (1674)
Maria Josepha (1675–1676)
Christina (1679)
Maria Margareta (1690–1691)
Unbenannter Enkel Kaiser Ferdinands III. (1686)

*b) Sarkophage und Herzurnen*
Königin Maria Anna von Portugal (1683–1754) [Herzurne]
Ezh. Maria Josepha (1687–1703)
Ezh. Maria Anna Josepha (1654–1689)
Königin Eleonora Maria (1653–1697)
Kaiserin Eleonora Magdalena v. Mantua-Nevers-Gonzaga (1630–1686)
Kaiserin Margarita Teresa (1651–1673)
Kaiserin Maria Leopoldina (1632–1649)
Kaiserin Maria Anna, Infantin von Spanien (1606–1646)
Ezh. Maria Amalia (1724–1730)
Kaiserin Claudia Felicitas (1653–1676) [Herzurne]
Ezh. Maria Theresia (1684–1696)
Ezh. Leopold Joseph (1682–1684)

Kaiser Ferdinand III. (1608–1657)
Maria Antonia (1669–1692)
König Ferdinand IV. von Ungarn und Böhmen (1633–1654)
Erzh. Leopold Johann (1716)
Ezh. Maria Magdalena (1689–1743)
Kaiserin Eleonora Magdalena von der Pfalz-Neuburg (1655–1720)

KARLSGRUFT

Leopold Joseph (1700–1701)
Kaiserin Amalie Wilhelmine (1673–1742) [Herzurne]
Kaiser Joseph I. (1678–1711)
Kaiserin Elisabeth Christina (1691–1750)
Kaiser Leopold I. (1640–1705)
Erzh. Maria Elisabeth (1680–1741)
Erzh. Maria Anna (1718–1744)
Kaiser Karl VI. (1658–1740)

MARIA-THERESIEN-GRUFT

Reichsgräfin Karoline von Fuchs Mollard (1681–1754)
Kaiser Joseph II. (1741–1790)
Maria Karolina (1748)
Karl Joseph (1745–1761)
Johanna Gabriela (1750–1762)
Maria Josepha (1751–1767)
Unbenannte Prinzessin (1744) [Tochter v. Ezh. Maria Anna]
Maria Elisabeth (1737–1740)
Kaiserin Maria Josepha (1739–1767)
Isabella von Parma (1741–1763)
Christina (1763)
Maria Theresia (1762–1770)
Maria Karolina (1740–1741)
Christina (1767)
Kaiser Franz I. Stephan (1708–1765)
Kaiserin Maria Theresia (1717–1780)

FRANZENSGRUFT

Kaiser Franz II. (I.) (1768–1835)
Kaiserin Maria Ludovica Beatrix (1787–1816)
Elisabeth Wilhelmine von Württemberg-Mömpelgard (1767–1790)
Kaiserin Maria Theresia (1772–1807)
Kaiserin Karolina Augusta (1792–1873)

FERDINANDSGRUFT

*a) Sarkophage*
Kaiser Ferdinand I. (1793–1875)
Kaiserin Maria Anna (1803–1884)

*b) Nischengräber*
Alexander Leopold (1772–1795)
Maria Amalia (1780–1798)
Louise Elisabeth (1790–1791)
Maria Eleonore (1864)
Franz Joseph (1855)
Joseph Franz (1790–1807)
Leopold (1823–1898)
Johann Nepomuk Karl (1805–1809)
Robert Ferdinand (1885–1895)
Maria Antonia (1858 – 1883)
Maria Anna (1835–1840)
Maria Karolina (1821–1844)
Ferdinand Salvator (1888–1891)
Rainer Salvator (1880–1889)
Sophie Friederike (1855–1857)
    [Tochter von Kaiser Franz Joseph und Kaiserin Elisabeth])
Karoline Ferdinanda (1793–1802)
Natalie (1884–1898)
Stephanie (1886–1890)
Maria Anna (1804–1858)
Maria Karoline (1825–1915)
Maria Louisa (1773–1802) [mit Sohn]
Maria Antonia (1814–1898)
Maria Anna (1796–1865)
Karoline Louise (1795–1799)
Albrecht Salvator (1871–1896)
Maria Immakulata (1844–1899)
Karl Salvator (1839–1892)
Leopold M. Alphons (1897–1958)
Maria Antonia (1874–1891)
Ernst (1824–1899)
Adelgunde (1823–1914)
Karoline Leopoldine (1794–1795)
Amalia Therese (1807)
Henriette Maria (1884–1886)
Ludwig Salvator (1847–1915)
Infantin Maria Theresia von Portugal (1855–1944)
Joseph Ferdinand (1872–1942)

## Toskaner-Gruft

Franz V. Herzog von Modena (1819–1875)
Ferdinand Karl (1781–1850)
Anton Viktor (1779–1835)
Ludwig Joseph (1784–1864)
Ferdinand Karl Anton (1754–1806)
Maria Beatrix von Este (1750–1829)
Königin Maria Karolina von Neapel und Sizilien (1752–1814)
Ferdinand IV. von Toskana (1835–1908)
Leopold II. von Toskana (1797–1870)
Rainer (1827–1913)
Albert von Sachsen-Teschen (1738–1822)
Maria Christina (1742–1798)
Kaiser Leopold II. (1747–1792)
Kaiserin Maria Ludovika (1745–1792)

## Neue Gruft

Erzh. Leopold Wilhelm (1614–1662)
Karl Joseph (1649–1664)
Karl Joseph von Lothringen (1680–1715)
Maximilian Franz (1756–1801)
Rudolph (1788–1831)
Wilhelm (1827–1894)
Karl Ferdinand (1818–1874)
Erzh. Karl (1771–1847)

Henriette von Nassau-Weilburg (1797–1829)
[Herzurne separat daneben]
Rudolph Franz (1822–1822)
Kaiser Maximilian von Mexiko (1832–1867)
Kaiserin Marie-Louise (1791–1847)
Albrecht (1817–1895)
Hildegard (1825–1864)
Mathilde (1849–1867)
Karl Albert (1847–1848)
Leopold Salvator (1863–1931)
Rainer Karl (1895–1930)
Margarete Karoline (1840–1858)
Erzh. Franz Karl (1802–1878)
Unbenannter Sohn v. Erzh. Franz Karl u. Erzh. Sophie (1840)
Erzh. Sophie (1805–1872)
Karl Ludwig (1833–1896)
Maria Annunziata (1843–1871)
Otto (1865–1906)
Maria Josefa (1867–1944)

FRANZ-JOSEPHS-GRUFT

Kaiser Franz Joseph I. (1830–1916)
Kaiserin Elisabeth (1837–1898)
Kronprinz Rudolf (1858–1889)

GEDENKRAUM

Kaiserin Zita (1892–1989)

## Die unterseeische Liebe der „Roten Erzherzogin"

Erzherzogin Elisabeth Marie (genannt „Erzsi", spätere Fürstin Windisch-Graetz, dann Elisabeth Petznek, 1883–1963), die einzige Tochter von Kronprinz Rudolf, ist eine der interessantesten Habsburger Persönlichkeiten der jüngeren Geschichte.
Elisabeth heiratete im Jahr 1902 (nicht standesgemäß) Otto W. Fürst Windisch-Graetz, von dem sie sich 1924 trennte und 1948 – nicht nur in ihren Kreisen durchaus noch ungewöhnlich – scheiden ließ. Bereits im Oktober 1925 schloss sie sich den Sozialdemokraten an und nahm an den Maiaufmärschen der Ersten Republik teil, was ihr den Spitznamen „Rote Erzherzogin" eintrug. Sie wurde die Lebensgefährtin des Lehrers und sozialdemokratischen Politikers Leopold Petznek, der 1945–1947 die Position des Präsidenten des Rechnungshofs bekleidete und den sie 1948 heiratete. Ihr Vermögen vererbte sie der Republik Österreich. Ihre Tochter Stephanie Eleonore zu Windisch-Graetz verstarb als Letzte ihrer vier Kinder erst 2005.
1998 wurde die „Elisabeth-Petznek-Gasse" im 14. Wiener Gemeindebezirk nach ihr benannt.
Im wechselvollen Leben der Erzherzogin spielte auch eine innige Liebesbeziehung zu dem Linienschiffsleutnant Egon Lerch, dem Kommandanten des k.u.k. U-Bootes Nr. 12, eine große Rolle. Nachdem SMU 12 am 8. August 1915 in der Lagune von Venedig auf ein Mine gelaufen und gesunken und auch Lerch dabei ums Leben gekommen war, wurde der Erzherzogin unter anderem ein Mützenband aus schwarzem Seidenrips mit den goldgewebten Buchstaben „S. M. Unterseeboot XII" überreicht, das Elisabeth angeblich bis zu ihrem Tod in ihrem Nachtkästchen aufbewahrte.

## Cosa rosa

Die ursprünglich Fassadenfarbe von Schloss Schönbrunn war Rosa, nicht „Schönbrunner Gelb". Erst mit dem Umbau von 1815 erhielt es sein heutiges Farbkleid.

## Die Verzichtserklärung

Am 11. November 1918 unterzeichnete Kaiser Karl folgende Erklärung:

„Seit meiner Thronbesteigung war ich unablässig bemüht, meine Völker aus den Schrecknissen des Krieges hinauszuführen, an dessen Ausbruch ich keinerlei Schuld trage. Ich habe nicht gezögert, das verfassungsmäßige Leben wieder herzustellen und habe den Völkern den Weg zu ihrer selbständigen staatlichen Entwicklung eröffnet. Nach wie vor von unwandelbarer Liebe für alle meine Völker erfüllt, will ich ihrer freien Entfaltung meine Person nicht als Hindernis entgegenstellen. Im voraus erkenne ich die Entscheidung an, die Deutsch-Österreich über seine künftige Staatsform trifft.
Das Volk hat durch seine Vertreter die Regierung übernommen. Ich verzichte auf jeden Anteil an den Staatsgeschäften. Gleichzeitig enthebe ich meine österreichische Regierung ihres Amtes. Möge das Volk von Deutsch-Österreich in Eintracht und Versöhnlichkeit die Neuordnung schaffen und befestigen. Das Glück meiner Völker war von Anbeginn das Ziel meiner heißesten Wünsche. Nur der innere Friede kann die Wunden dieses Krieges heilen.
Karl m. p.                                    Lammasch m. p."

Damit verzichtete er zwar auf politische Macht, dankte aber *nicht* ab.
Vor der Unterzeichnung soll Kaiserin Zita gesagt haben:

„Niemals! Ein Herrscher kann seine Herrscherrechte verlieren. Das ist dann Gewalt, die eine Anerkennung ausschließt. Abdanken nie – lieber falle ich hier an Ort und Stelle mit dir – dann wird eben Otto kommen und selbst, wenn wir alle fallen sollten – noch gibt es andere Habsburger."

Am 23. 3. 1919 widerrief Kaiser Karl diese Erklärung vor dem Verlassen Österreichs an der Schweizer Grenze.

## Habsburg, andersrum – Teil 1

1760 heiratete der Thronfolger und spätere Kaiser Joseph II. Isabella, Prinzessin von Bourbon-Parma, beide waren 19 Jahre alt.
Joseph verliebte sich sofort in seine entzückende und kluge Frau. Auch sie verliebte sich, allerdings in Josephs Schwester, Marie Christine (später Gattin von Albert Casimir von Sachsen-Teschen, dem Begründer der Albertina).

Zu ihrer damals 18-jährigen Schwägerin entstand bald eine schwärmerische, intime Beziehung, die durch die Briefe von Isabella an ihre „Mimi" gut dokumentiert ist; die Briefe Marie Christines wurden nach dem (frühen) Tod Isabellas konfisziert.

Es bestehen mangels Beweisen bis heute Zweifel an der auch körperlichen Ernsthaftigkeit der Sache, allerdings lassen die erhaltenen Briefe kaum andere Schlüsse zu.

Hier einige Zitate:

– „Adieu, ich küsse Sie und bete Sie an bis zu einem Grade, den ich nicht sagen kann. Ich werde Ihnen aber doch sagen, daß es mir gut geht, daß ich gut geschlafen habe, daß ich Sie rasend liebe und daß ich hoffe, Sie gut zu küssen und von Ihnen geküsst zu werden."

– „Allerliebster, allerschätzbarster Schatz, ich habe dir schon schreiben wollen … aber wer kann vor 7 Uhr schon auf seyen. Ich hoffe dich heute zu sehen um halber 11. Adieu nochmal, ich küsse dein ertzenglisches arscherl …"

– „Du willst, ich soll dir schreiben baadwaschel, ich bin gantz gehorsam und werde von jetzt an allerweil Dich so heißen, weil es Dich so sehr gefreut, adieu." (Der „Badewaschel" war an sich der Leibdiener oder die Dienerin, der den im Bad sitzenden Adeligen wusch.)

Es war nicht nur Sex, sondern auch eine große Liebe zwischen zwei jungen Frauen, die leider mit dem frühen Tod von Isabella endete. Sie starb 22-jährig, geschwächt durch die Pocken, an den Folgen einer Frühgeburt.

## Habsburg, andersrum – Teil 2

Von der anderen „anderen" Fraktion war der jüngste Bruder von Kaiser Franz Joseph, Erzherzog Ludwig Viktor. Er trug mit Vorliebe Frauenkleider, in denen er sich auch gerne zeigte, war – soweit es damals ging – offen schwul und unter dem Spitznamen „Erzherzog Luziwuzi" bekannt. Der Kaiser wusste um die homosexuell-transvestitische Veranlagung seines Bruders und soll einmal gesagt haben: „Man müsst' ihm als Adjutanten eine Ballerina geben, dann könnt' nix passieren."

Nach vielen Skandälchen – überliefert ist unter anderem eine heiße Affäre mit einem Fiaker – kam es schließlich zum Eklat in einem öffentlichen Bad, wo der Erzherzog, offenbar nach einer unsittlichen Annäherung an einen Offizier, eine Ohrfeige erhielt und vom Ort des Geschehens floh. Es folgte die „Verbannung" des Erzherzogs nach Schloss Kleßheim, wo es aber noch lange recht einschlägig zugegangen sein soll. Er wurde 1915 entmündigt und starb dort 1919 „in geistiger Umnachtung".

## Einige Märsche

Erzherzog-Albrecht-Marsch
Erzherzog-Anton-Marsch
Erzherzog-Carl-Franz-Josef-Marsch
Erzherzog-Carl-Ludwig-Marsch
Erzherzog-Eugen-Marsch
Erzherzog-Felix-Marsch
Erzherzog-Franz-Ferdinand-Marsch
Erzherzog-Friedrich-Marsch
Erzherzog-Heinrich-Marsch
Erzherzog-Johann-Gedächtnis-Marsch
Erzherzog-Johann-Marsch
Erzherzog-Karl-Marsch
Erzherzog-Karl-Stephan-Marsch
Erzherzog-Rainer-Marsch
Erzherzog-Robert-Marsch
Erzherzog-Rudolf-Marsch
Erzherzog-Viktor-Marsch
Erzherzog-Wilhelm-Genesungs-Marsch
Erzherzog-Wilhelm-Marsch
Erzherzogin-Adelheid-Marsch
Erzherzogin-Maria-Josefa-Marsch
Kaiser-Franz-Joseph-I.-Rettungs-Jubelmarsch
Kaiser-Franz-Joseph-Jubiläums-Marsch
Kaiser-Franz-Joseph-Marsch
Kaiser-Karl-Marsch
Kaiser-Maximilian-Marsch
Kaiserin-Zita-Marsch
Kaiserlicher Hochzeitsmarsch (Hoch Habsburg)
Kronprinz-Rudolf-Marsch

## Österreich-Ungarn, Kurzfassung

*Existenz:* 1867–1918
*Fläche (1914):* 676.615 km²
*Bevölkerung (1914):* 52,8 Millionen
*Währung:* Gulden, Krone (ab 1892)
*Offizielle Reichssprachen:* Latein, Deutsch, Ungarisch
*Offizielle Reichsreligion:* Römisch-Katholisch
*Reichsteile:* Cisleithanien und Transleithanien
*Hauptstädte:* Wien und Budapest

Das unter anderem

– österreichisch-ungarische Monarchie
– k. und k. Monarchie
– Donaumonarchie
– Doppelmonarchie

oder auch scherzhaft „Kakanien" (nach dem „k.k." sowie der akustischen Assoziation aus der Kindersprache) genannte Reich besaß nie einen eigenen offiziellen Namen.
Für alle förmlichen Zwecke wurde es daher bezeichnet als:
*Die im Reichsrat vertretenen Königreiche und Länder und die Länder der heiligen ungarischen Stephanskrone*
bzw.
*A birodalmi tanácsban képviselt királyságok és országok és a magyar szent korona országai.*

Auf jeweils hundert Soldaten im Heer der Donaumonarchie kamen:

| | |
|---|---|
| 29 „Deutsche" | 19 Ungarn |
| 15 Tschechen | 9 Polen |
| 7 Ruthenen | 7 Serbokroaten |
| 5 Rumänen | 5 Slowaken |
| 3 Slowenen | 1 Italiener |

## Am Anfang: der Held Gottes

Verschwörungstheoretiker und Mystiker aller Couleur hatten und haben am Sarajevo-Attentäter Gavrilo Princip stets ihre wahre Freude.
– Nicht nur, dass das Attentat (an der Kreuzung Appel-Kai/Franz-Joseph-Straße/Lateinerbrücke) aus einer Zufallsbegegnung und zwei völlig ungezielten Glückstreffern, die aber das Thronfolgerpaar „präzise" tödlich verletzten, bestand …
– Nicht nur, dass der Name der serbischen Geheimorganisation, der Princip angehörte, nämlich die „Schwarze Hand", seit damals in Kunst und (Unterhaltungs-)Literatur zum oftmaligen und geradezu klischeehaft verwendeten Synonym für Erpresser und Attentäter aller Art geworden ist …
– Außerdem ist da noch der Name des Attentäters selbst:
– „Gavrilo" ist die serbische Variante von „Gabriel", das mit „Gott ist stark" oder auch „Held Gottes" übersetzt wird.
– Der Nachname Princip stammt von lateinisch *principium*, also „Anfang", ab.
Der mystischen Interpretation – schließlich stand das Attentat am *Anfang* des Ersten Weltkrieges – war und ist damit natürlich Tür und Tor geöffnet.

## Kaiserlicher Schmuck

Wer gerne Stern-Ohrringe à la „Sissi", eine replizierte Brosche von Marie Valerie oder eine miniaturisierte Kaiserkrone erwerben möchte, hat dazu reichlich Gelegenheit. Zum einen haben sich einige Firmen auf das Herstellen von Schmuckimitaten aus dem Kaiserhaus (zum Teil mit Swarovski-Kristallen) spezialisiert, die etwa in Museums-Shops in Wien (Kunsthistorisches Museum, Hofburg) erworben werden können.
Zum anderen bietet – für die etwas größere Börse – der ehemalige k.u.k. Hoflieferant für Schmuck A. E. Köchert, der sie auch damals herstellte, „Sissi"-Sterne im originalen Design, also eigentlich de facto Originale.

## Das Habsburgergesetz

Habsburgergesetz 1919 (Gesetz vom 3. April 1919, betreffend die Landesverweisung und die Übernahme des Vermögens des Hauses Habsburg-Lothringen – HabsburgerG), StGBl. 1919/209 idF. BVG BGBl. 1963/172

I. Abschnitt

§1. 1. Alle Herrscherrechte und sonstige Vorrechte des Hauses Habsburg-Lothringen sowie aller Mitglieder dieses Hauses sind in [Deutsch]Österreich für immerwährende Zeiten aufgehoben.
2. Verträge über den Anfall von Herrscherrechten über das Gebiet der Republik [Deutsch]Österreich sind ungültig.

§ 2. Im Interesse der Sicherheit der Republik werden der ehemalige Träger der Krone und die sonstigen Mitglieder des Hauses Habsburg-Lothringen, diese, soweit sie nicht auf ihre Mitgliedschaft zu diesem Hause und auf alle aus ihre gefolgerten Herrschaftsansprüche ausdrücklich verzichtet und sich als getreue Staatsbürger der Republik bekannt haben, des Landes verwiesen. Die Festsetzung, ob diese Erklärung als ausreichend zu erkennen sei, steht der Bundesregierung im Einvernehmen mit dem Hauptausschuß des Nationalrates zu.

§ 3. Der Gebrauch von Titeln und Ansprachen, die mit den Bestimmungen des § 1 im Widerspruch stehen, ist verboten. Eide, die dem Kaiser in seiner Eigenschaft als Staatsoberhaupt geleistet worden sind, sind unverbindlich.

§ 4. In der Republik [Deutsch]Österreich ist jedes Privatfürstenrecht aufgehoben.

## II. Abschnitt

§ 5. Die Republik [Deutsch]Österreich ist Eigentümerin des gesamten in ihrem Staatsgebiet befindlichen beweglichen und unbeweglichen hofärarischen sowie des für das früher regierende Haus oder für eine Zweiglinie desselben gebundenen Vermögens.

§ 6. Als hofärarisches Vermögen gilt das bisher von den Hofstäben und deren Ämtern verwaltete Vermögen, soweit es nicht ein für das früher regierende Haus oder für eine Zweiglinie desselben gebundenes Vermögen oder aber nachweisbar freies persönliches Privatvermögen ist.

(1) Als hofärarisches Vermögen gilt das bisher von den Hofstäben und deren Ämtern verwaltete Vermögen auch dann, wenn dessen Anschaffung aus den Mitteln der Zivilliste erfolgt ist.

(2) Solange der Nachweis der Zugehörigkeit eines von den Hofstäben und deren Ämtern verwalteten Vermögens zum freien persönlichen Privatvermögen nicht durch Anerkenntnis der zuständigen staatlichen Stelle oder durch rechtskräftiges richterliches Urteil erbracht ist, darf die Staatsverwaltung auch über solche Gegenstände, welche als freies, persönliches Privateigentum in Anspruch genommen werden, frei verfügen, ohne daß, wenn später die Eigenschaft als Privatvermögen festgestellt wird, dem Eigentümer ein anderer Anspruch als jener auf Übergabe des betreffenden Vermögensstückes seitens der Staatsverwaltung an ihn oder des Wertes derselben im Zeitpunkte des Inkrafttretens des Gesetzes vom 3. April 1919, St.G.Bl. Nr. 209, zusteht. Als für das früher regierende Haus oder für eine Zweiglinie desselben gebundenes Vermögen gilt das gesamte bewegliche und unbewegliche Vermögen, welches nicht hofärarisches Vermögen (Absatz 1) oder nachweislich freies persönliches Privateigentum eines Mitglieds des früher regierenden Hauses oder einer Zweiglinie desselben ist. Zu diesem gebundenen Vermögen gehören insbesondere die nachstehenden, von der vormaligen „Generaldirektion der Privat- und Familienfonds Seiner k. und k. Apostolischen Majestät" derzeit „Generaldirektion der Habsburg-Lothringenschen Vermögensverwaltung" verwalteten Vermögensmassen:

a) der Familien- und der Avitikalfonds,
b) das Primogenitur-Familienfideikommiß der Sammlungen des Erzhauses,
c) die Familienfideikommißbibliothek,
d) das Falkensteinsche Fideikommiß,
e) das Kaiser Franz Joseph I.-Kronfideikommiß des Erzhauses Habsburg-Lothringen,
f) die Hofbibliothek.

(3) Aufgrund dieses Gesetzes ist in den öffentlichen Büchern über das Grundeigentum (Landtafeln, Grundbücher) das Eigentumsrecht zugunsten der Republik Österreich an allen unbeweglichen Gütern grundbücherlich einzuverleiben, welche zu dem für das früher regierende Haus oder für eine Zweiglinie desselben gebundenen Vermögen gehören. Insbesondere ist in den öffentlichen Büchern das grundbücherliche Eigentumsrecht zugunsten der Republik Österreich an allen Liegenschaften einzuverleiben, welche derzeit in den öffentlichen Büchern als Eigentum des kaiserlichen Familienfonds, des kaiserlichen Avitikalfonds, des Kaiser Franz Joseph I.-Kronfideikommisses und des Erzherzog Friedrich-Fideikommisses einverleibt sind, und zwar unter gleichzeitiger Löschung aller auf den unbeweglichen Gütern haftenden Eigentumsbeschränkungen, insbesondere des Fideikommißbandes.

§ 7. (1) Das Reinerträgnis des auf Grund dieses Gesetzes in das Eigentum der Republik Österreich gelangenden Vermögens ist nach Abzug der mit der Übernahme dieses Vermögens verbundenen oder dem Staate durch diese Übernahme erwachsenden Lasten zur Fürsorge für die durch den Weltkrieg in ihrer Gesundheit geschädigten oder ihres Ernährers beraubten Staatsbürger zu verwenden.

(2) Die von den früheren Inhabern des gebundenen Vermögens über dessen Erträgnisse getroffenen Verfügungen, insbesondere Anweisungen von Apanagen an Mitglieder des vormaligen regierenden Hauses oder von Stipendien werden außer Kraft gesetzt, soweit sie sich nicht auf Erträgnisse vor dem Inkrafttreten des Gesetzes vom 3. April 1919, St.G.Bl. Nr. 209, beziehen.

(3) Aufwendungen der bisherigen Fideikommißinhaber für das gebundene Vermögen sind von der Republik Österreich nicht zu ersetzen.

§ 8. Mit dem Vollzuge dieses Gesetzes sind der Staatskanzler, der Staatssekretär für Finanzen und der Staatssekretär für soziale Verwaltung betraut.

§ 9. Dieses Gesetz tritt am Tage seiner Kundmachung in Kraft.

– – –

Das Gesetz wurde am 10. 4. 1919 kundgemacht und durch Art. 149 Abs. 1 B-VG 1. 10. 1920 BGBl. 1 (Bundes-Verfassungsgesetz) mit Verfassungsrang ausgestattet. Mit dem Vollzug sind heute der Bundeskanzler, der Bundesminister für Finanzen und der Bundesminister für soziale Verwaltung betraut.

## Knausrige Kaiser

Obwohl sich schon manchmal – im Vergleich zu anderen Herrschern allerdings eher selten – recht feudal gebend, waren die Habsburger eher für ihre Sparsamkeit oder gar Knausrigkeit berüchtigt.
So war es eine lang geübte Tradition, großzügige ausländische (Gast-) Geschenke wie die wertvollen Tapisserien der Hofburg, die Marie Antoinette als französische Königin ihrer Mutter Maria Theresia schenkte, *nicht* mit Gegengeschenken zu beantworten.
Noch Kaiser Franz Joseph erhielt eine schlechte Nachrede, weil er sich angeblich weigerte für die Elektrifizierung der Wiener Hofburg das volle Honorar zu zahlen, da es ihm zu hoch erschien – worauf die Stadt Wien einspringen musste.

## Jawoll, Herr Hauptbahnhof

Wien als Hauptstadt eines Millionen-Reiches war natürlich auch Ausgangs- bzw. Endpunkt zahlreicher Bahnlinien. Diese wurden (wie auch die Endbahnhöfe) natürlich nach Mitgliedern des Herrscherhauses benannt.

Und zwar:

*Kaiser Ferdinands-Nordbahn* (der heutige Nordbahnhof)
*Kaiser Franz-Josefs-Bahn* (der heutige Franz-Josefs-Bahnhof)
*Kaiserin Elisabeth-Bahn* (der heutige Westbahnhof)
*Kaiser Franz Joseph-Orientbahn* (der heutige Südbahnhof)

Weitere „habsburgische" Bahnen waren die Kronprinz Rudolf-Bahn (Strecke: St. Valentin-Tarvis) sowie die Erzherzog Albrecht-Bahn.

## Der Erzherzog wird geprüft

Die Regeln des laut Friedrich Torberg von Alfred Polgar erfundenen Spiels:
„Der Erzherzog wird geprüft" wird von zwei Partnern gespielt. Der eine übernimmt die Rolle des Geschichtsprofessors und muss dem anderen, dem hochwohlgeborenen Prüfling, eine derart leichte Frage stellen, dass dieser sie unmöglich falsch beantworten kann.
Der Prüfling muss nun eine Möglichkeit finden, dennoch eine falsche Antwort zu geben, worauf der Professor wiederum einen Weg finden muss, diese Antwort als richtig anzuerkennen und darüber hinaus noch zu begründen, *warum* sie richtig ist. Schafft er das nicht, hat er verloren. Danach kann man die Positionen wechseln.

Überlieferte Beispiele:
*Kaiserliche Hoheit, wie lange dauerte der Dreißigjährige Krieg?*
*Sieben Jahre.*
*Richtig! Damals wurde ja bei Nacht nicht gekämpft, womit bereits mehr als die Hälfte der Kriegszeit wegfällt. Auch an Sonn- und Feiertagen herrschte bekanntlich Waffenruhe, was abermals eine ansehnliche Summe ergibt. Und wenn wir jetzt noch die historisch belegten Unterbrechungen und Verhandlungspausen einrechnen, gelangen wir zu einer faktischen Kriegsdauer von genau sieben Jahren. Ich gratuliere!*

Der Professor hatte gewonnen.
Nächste Runde:
*Wie heißt unser Kaiser Franz Joseph?*
*Quarz!*
*Richtig!*

Da der Professor die Richtigkeit der Antwort jedoch nicht mehr beweisen konnte, hatte der Erzherzog gewonnen.
(Quelle: *Die Tante Jolesch* von Friedrich Torberg, 1975)

## Die Wiener Ring-Trilogie

Drei Teile der Wiener Ringstraße waren zeitweise nach Habsburgern benannt:

| | |
|---|---|
| *Franzensring* (bis 1920) | Dr.-Karl-Renner-Ring/ Dr.-Karl-Lueger-Ring |
| *Kaiser-Karl-Ring* (1917–1920) | Opernring |
| *Kaiserin-Zita-Ring* (1917–1920) | Kärntner Ring |

## Habsburger, optisch
## Lippe und Co.

Die Habsburger zeichneten sich durch ihr markantes Erscheinungsbild aus – böse Zungen behaupten, dass darin die zahlreichen Eheschließungen innerhalb der Familie ihren Ausdruck gefunden hätten. Die meisten hatten:
- einen zu großen, vorstehenden Unterkiefer
- einen schlanken, hohen Schädel
- eine Nase mit Höcker
- eine volle Unterlippe
- einen Überbiss der unteren Schneidezähne

Die Familie Habsburg-Lothringen war optisch ein wenig ansprechender:
- schmales, langes Gesicht
- hohe Stirn
- gelegentlich aber ein wasserkopfartig ausladender Gehirnschädel

Zur Optik der Habsburger kursierte im Wien des 18. und 19. Jahrhunderts folgende spöttische Bemerkung: Wurde man eines „Langschädels mit Gosch'n" ansichtig, kommentierte man: „Entweder es is' eine Zangengeburt oder ein Erzherzog."

Die jahrhundertelange familiäre Verflechtung ist historisch ohne Beispiel und konnte auch oft, da am Rande der Legalität schrammend, nur durch päpstlichen Dispens (Erlaubnis) überhaupt zu Stande kommen. Ein Beispiel (zitiert nach *Die kranken Habsburger* von Hans Bankl):
„Philipp II. von Spanien heiratete seine Nichte Anna, die Tochter seiner Schwester Maria und seines Vetters Maximilian. Seine Schwester wurde damit zu seiner Schwiegermutter, sein Vetter zum Schwiegervater, von dem seine eigene Tochter auch Cousin sagen konnte, und Philipp II. selbst wurde zum Großonkel seiner eigenen Kinder. Der Sohn aus dieser eigentümlichen Verbindung war der nächste König von Spanien, Philipp III. Er heiratete Margarethe, die ihrerseits eine Enkelin Kaiser Ferdinands I. war. Damit war Kaiser Ferdinand zugleich der Großvater der Braut und der Urgroßvater des Bräutigams."

Auch Kaiserin Elisabeths Schwiegermutter Sophie war zugleich ihre leibliche Tante.

Zu diesen problematischen Verhältnissen sagte Thronfolger Franz Ferdinand einmal:
„Wenn unsereiner jemanden gern hat, findet sich immer im Stammbaum irgendeine Kleinigkeit, die die Ehe verbietet, und so kommt es,

daß bei uns immer Mann und Frau zwanzigmal miteinander verwandt sind. Das Resultat ist, daß von den Kindern die Hälfte Trottel und Epileptiker sind."
Der Erzherzog war – auch bei seiner Verwandtschaft – nicht sehr beliebt.

*Kaiser Leopold I. zu Pferd (Detail). Elfenbein, Matthias Steinl, 1690–1693. Kunsthistorisches Museum*

## K.K. VS. K. U. K.

Das kleine „u", das in Bezug auf das alte Österreich gelegentlich zwischen den beiden „k" für „kaiserlich-königlich" auftritt oder eben auch nicht, war von großer politischer Bedeutung.

Vor 1867 wurden alle das Reich betreffenden Dinge prinzipiell als „kaiserlich-königlich" bezeichnet und mit „k.k." oder „k.-k." abgekürzt. Die ursprüngliche Bedeutung ist darin zu sehen, dass der jeweilige Herrscher von seinem Titel her zwar Kaiser von Österreich, aber eben auch König von Böhmen, Ungarn und einigen anderen Gebieten war. Die Tatsache, dass er genau genommen von wieder anderen Gebieten weder Kaiser noch König, sondern Herzog, Großfürst, Markgraf, Graf, Wojwode etc. war, fällt hier gnädigerweise unter den Tisch.

Nach dem so genannten Ausgleich mit Ungarn im Jahr 1867, bei dem die nationalen Bestrebungen der Ungarn durch verschiedene Aufwertungen ihres Status besänftigt wurden, bestanden diese unter anderem auf das „und" im offiziellen Gebrauch, um ihre neu erworbene Unabhängigkeit zu unterstreichen.

Das führte dazu, dass in den von Ungarn verwalteten Gebieten, im so genannten „Transleithanien" (und in allen Dokumenten, die diese Gebiete betrafen), nur mehr das Kürzel „k. u. k." Anwendung fand, während in den anderen Gebieten, „Cisleithanien" geheißen, weiter das „k.k." verwendet wurde.

Eine scheinbar unbedeutende Kleinigkeit, die aber auch für weiteren politischen Sprengstoff sorgte. Waren damit doch etwa die Tschechen, bislang im zweiten – im Kürzel „k.k." implizit alle Königreiche umfassenden – „k." enthalten, aus dem zweiten „k." hinter dem „und" der neuen Wendung de facto ausgeschlossen.

## Die zwölf wichtigsten Schlachtensiege der Habsburger

*Schlacht bei Dürnkrut und Jedenspeigen am 26. 8. 1278*
GEGNER: Rudolf von Habsburg und Ottokar II Přemysl
GRUND: Kampf um die Vorherrschaft in Österreich
ERGEBNIS: Rudolf bzw. seine Söhne Albrecht und Rudolf treten die Herrschaft in den Herzogtümern Österreich und Steiermark an.

*Schlacht bei Pavia am 24. 2. 1525*
GEGNER: Karl V. und Franz I. (Frankreich)
GRUND: Kampf um die Hegemonie in Europa im Rahmen der Italienkriege
ERGEBNIS: Franz I. wird gefangen und muss Mailand, Genua, das Herzogtum Burgund und Neapel aufgeben.

*Seeschlacht von Lepanto am 7. 10. 1571*
GEGNER: Don Juan de Austria (für seinen Halbbruder, den spanischen König) und Admiral Ali Pascha (für Sultan Selim II.)
ERGEBNIS: Ali Pascha überlebt die Schlacht nicht. Die christlichen Großmächte feiern ihren ersten Sieg gegen das Osmanische Reich.

*Schlacht am Weißen Berg am 8. 11. 1620*
GEGNER: Feldherr Johann Tserclaes von Tilly (für Kaiser Ferdinand II.) und Heerführer Christian von Anhalt mit und für König Friedrich von der Pfalz
ERGEBNIS: Friedrich (der so genannte Winterkönig) muss aus Böhmen fliehen und Ferdinand kann seinen Anspruch auf die Krone Böhmens durchsetzen.

*Schlacht von Lützen am 16. 11. 1632*
GEGNER: Albrecht von Wallenstein (für Kaiser Ferdinand II.) gegen König Gustav Adolf von Schweden
ERGEBNIS: großer Etappensieg der Gegenreformation

*Entsatzschlacht vor Wien, 12. September 1683*
GEGNER: Reichstruppen unter Herzog Karl von Lothringen und Polen unter König Jan Sobieski gegen ein osmanisches Heer unter Großwesir Kara Mustafa
ERGEBNIS: Wien wird entsetzt, die „Türkengefahr" ist für die Kaiserstadt für immer gebannt.

*Schlacht bei Mohács am 12. 8. 1687*
GEGNER: Herzog Karl von Lothringen und Kurfürst Maximilian II. Emanuel gegen die Osmanen
ERGEBNIS: Siebenbürgen wird zurückerobert, die kaiserlichen Truppen dringen nach Ungarn vor.

*Schlacht bei Zenta am 11. 9. 1697*
GEGNER: Prinz Eugen von Savoyen gegen die Osmanen
ERGEBNIS: Prinz Eugen hält den Vormarsch der Türken in Richtung Norden auf und schlägt diese zurück. Die Schlacht ist Grundlage für den Frieden von Karlowitz (1699).

*Schlacht von Höchstädt am 13. 8. 1704*
GEGNER: Prinz Eugen von Savoyen (Österreich) und John Churchill, Duke of Marlborough (England), gegen Marschall Tallard (Frankreich) und Kurfürst Maximilian II. Emanuel (Bayern)
ERGEBNIS: Durch den Sieg wird ein drohender Marsch der verbündeten französisch-bayerischen Armeen auf Wien verhindert.

*Schlacht bei Aspern am 21./22. 5. 1809*
Die von Erzherzog Karl siegreich geführte Schlacht bei Aspern (heute 22. Wiener Gemeindebezirk) am 21. und 22. Mai 1809 bedeutet Napoleons erste militärische Niederlage. Sie zerstört den bisherigen Ruf seiner Unbesiegbarkeit und wird zum Mythos hochstilisiert – Heinrich von Kleist nennt Erzherzog Karl den „Überwinder des Unüberwindlichen".

*Schlacht bei Custozza am 25. 7. 1848*
GEGNER: Graf Radetzky gegen die piemontesischen Truppen
ERGEBNIS: Nach mehreren Schlachten gegen den Kleinstaat Piemont-Sardinien ziehen die Österreicher durch den entscheidenden Sieg bei Custozza wieder in Mailand ein und sichern die Kontrolle Österreichs über die Lombardei bis zur Schlacht von Solferino am 24. Juni 1859.

*Durchbruchsschlacht bei Flitsch und Tolmein, 24. 10.–2. 12. 1917*
Der letzte Sieg der altösterreichischen Armee: K. u. k. Truppen durchbrechen mit deutscher Unterstützung bei Flitsch und Tolmein die italienische Isonzofront, die in der Folge völlig zusammenbricht. Erst am Piave kommt die Front wieder zum Stehen; 200.000 Italiener geraten in österreichische Kriegsgefangenschaft.

*Himmlische Gefilde warten auf den Kaiser: die Apotheose Leopolds I.
Benediktinerstift St. Paul im Lavanttal.*

## DIE ZWÖLF SCHWERSTEN NIEDERLAGEN DER HABSBURGER

*Schlacht am Pass Morgarten am 15. 11. 1315*
GEGNER: Herzog Leopold I. gegen die Schweizer Waldstätten
ERGEBNIS: Verlust der habsburgischen Besitzungen in den Schweizer Waldstätten

*Schlacht bei Mühldorf am Inn am 28. 9. 1322*
GEGNER: Friedrich der Schöne gegen Ludwig den Bayern
ERGEBNIS: Friedrich wird gefangen und erst gegen Thronverzicht freigelassen. Die Habsburger werden dadurch für über ein Jahrhundert vom deutschen Königtum fern gehalten.

*Schlacht bei Sempach. Aus der „Weltchronik" des Rudolf von Hohenems.*

*Schlacht bei Sempach am 9. 7. 1386*
GEGNER:   Herzog Leopold III. gegen den Kanton Luzern
ERGEBNIS: Leopold III. fällt in der Schlacht, sein Ritterheer wird von den Schweizern vernichtend geschlagen.

*Eroberung von Ofen durch die Türken am 8. 9. 1529*
GEGNER:   Habsburg gegen Süleyman den Prächtigen
ERGEBNIS: Ofen bleibt 145 Jahre osmanisch, Habsburg muss die de facto Herrschaft des Sultans über einen Großteil Ungarns zur Kenntnis nehmen.

*Schlacht bei Chotusitz am 17. 5. 1742*
GEGNER: Prinz Karl von Lothringen für Österreich und Friedrich II. von Preußen
ERGEBNIS: Diese Schlacht führt unmittelbar zum Frieden von Breslau, der den ersten Schlesischen Krieg beendet.

*Schlacht von Fontenoy am 11. 5. 1745*
GEGNER: Briten, Hannoveraner, Österreicher und Holländer unter dem Herzog von Cumberland gegen die Franzosen
ERGEBNIS: Die Franzosen zwingen die „Pragmatische Armee" zum Rückzug und erobern weite Teile Belgiens.

*Schlacht bei Leuthen am 5. 12. 1757*
GEGNER: Österreich unter Prinz Karl von Lothringen und Feldmarschall Leopold Joseph Graf Daun gegen Preußen unter Friedrich II.
ERGEBNIS: Schwerer Rückschlag für die Österreicher im Siebenjährigen Krieg: Friedrich II. kann Schlesien in kurzer Zeit zurückerobern.

*Schlacht bei Marengo am 14. 6. 1800*
GEGNER: Österreich gegen Napoleon
ERGEBNIS: Napoleons entscheidender Sieg über die Österreicher im Zweiten Koalitionskrieg

*„Dreikaiserschlacht" von Austerlitz am 2. 12. 1805*
GEGNER: Österreichische und russische Truppen unter Kaiser Franz II. und dem russischen Zaren Alexander I. gegen Kaiser Napoleon I. von Frankreich
ERGEBNIS: Österreich verliert im Frieden von Pressburg (26. 12. 1805) wichtige Gebiete, Bayern und Württemberg werden zu Königreichen von Napoleons Gnaden erhoben.

*Schlacht von Solferino am 24. 6. 1859*
GEGNER: Österreich gegen die Truppen Piemont-Sardiniens und Frankreichs unter Führung Kaiser Napoleons III.
ERGEBNIS: Besiegelt die Niederlage Österreichs im Sardinischen Krieg, die Lombardei fällt an Piemont-Sardinien.

*Schlacht von Königgrätz am 3. 7. 1866*
GEGNER: Österreich und die meisten süddeutschen Kleinstaaten gegen Preußen und die norddeutschen Kleinstaaten sowie Italien (Bündnispartner)
ERGEBNIS: Preußen, ab 1871 das „Deutsche Reich", übernimmt endgültig die Vorherrschaft in Mitteleuropa.

*Schlacht von Vittorio Veneto vom 24. 10.–4. 11. 1918*
GEGNER: Österreich-Ungarn gegen Entente-Truppen (Italiener, Briten, Franzosen und Amerikaner)
ERGEBNIS: Die Katastrophe von Vittorio Veneto, die im völligen Zusammenbruch der Südwestfront endet, führt zum Waffenstillstand in der Villa Giusti bei Padua und zur Niederlage Österreich-Ungarns im Krieg gegen Italien (Erster Weltkrieg).

## FRANZ JOSEPHS MORGENPOST

Für den Frühstückstisch von Kaiser Franz Joseph wurde eine eigene Zeitung gedruckt, die nur in drei Exemplaren erschien. Abgesehen von der Archivkopie und einer für den Generaladjutanten bekam der Kaiser das einzige Exemplar.
Es bestand aus sorgfältig zusammengestellten und gekürzten Artikeln aller damaligen nationalen und (übersetzten) internationalen Zeitungen.

## DIÄT VS. SCHOKOLADE

Ob Wolfgang Amadeus Mozart die nach ihm benannten Schokokugeln selbst gerne gegessen hätte, darüber kann nur gemutmaßt werden. Geht man aber von seiner bekannt hedonistischen Natur aus, darf man annehmen, dass sie ihm wohl geschmeckt hätten. Auch sein „Nannerl" hätte vermutlich ganz gerne ab und zu dem heute nach ihr benannten Likör zugesprochen.
Als ziemlich sicher kann dagegen angenommen werden, dass Kaiserin Elisabeth den nach ihr benannten „Sissi-Taler" *(Aprikosen-Marzipan mit Trüffel-Creme in feiner Milchschokolade)* nicht häufig, falls überhaupt genossen hätte. Die Kaiserin lebte meist betont asketisch und nach teilweise eigenen rigiden Diäten (zeitweise nur Eier und Milch) und litt nach manchen Forschern sogar an Bulimie.
Der süßen Versuchung der Sissi-Schoko-Taler *(Zutaten: Zucker, Glucosesirup, Mandelmasse aromatisiert, Aprikosenpastete, gehärtetes pflanzliches Fett, Aroma, Ascorbin, Kakaomasse, Kakaobutter, Lactose, Emulgator: Lecithin. Kakao: 33 % in Milchschokoladeüberzug)*, die vor allem in Souvenirgeschäften erhältlich sind, wäre sie also kaum erlegen.

## AEIOU

Das geheimnisumwitterte Kürzel der Habsburger AEIOU wurde von Friedrich III. (1415–1493) eingeführt. An sich war es nur eine Art persönlicher „Besitzstempel", den er auf zahlreichen Wertgegenständen, aber auch auf von ihm errichteten Bauten anbringen ließ. Da er sich auch für Mystisches und Alchemistisches interessierte, dürfte er mit diesen Buchstaben – alle Vokale des Alphabets in richtiger Reihenfolge – schon etwas Bestimmtes gemeint haben. Möglich wäre etwa ein Anagramm des hebräischen Namens für Gott, „Jehova – IEOUA" (im Lateinischen werden U und V gleich geschrieben). Allein, es ist nicht überliefert.

Was seine Nachfolger sowie viele Zyniker und Scherzbolde nicht daran gehindert hat, diese Buchstaben immer wieder zu interpretieren:

*Die bekanntesten lateinischen Interpretationen sind:*
– Aquila eius iuste omnia vincit
Der (Reichs)Adler siegt im Namen der Gerechtigkeit.
– Austria est imperio optime unita
Österreich ist das beste vereinte Reich
– Austriae est imperare orbi universo
Es ist Österreichs (d. h. es ist Österreich bestimmt), die Welt zu beherrschen.
– Austria erit in orbe ultima (Österreich wird ewig sein)
Österreich wird auf der Welt als Letztes sein, d. h. ewig bestehen.
Auch scherzhaft böse übersetzt als:
Österreich ist auf der Welt wirklich das Letzte.

*Weitere lateinische Variationen:*
Alauda egregia inter oscines volucres.
Aquila est imperatrix orbis vasti.
Aquila excellit inter omnes volucres.
Aquilae est imperium orbis universi.
Augustus est iustitiae optimus vindex.
Austriae erunt imperatores orbis ultimi.
Austriaci erunt imperii Ottomanici victores.

*sowie eine moderne Umdeutung:*
Austria Europae Imago, Onus, Unio
Österreich als Europas Ebenbild, Belastung und Zwang zur Einigung.
(Eugen Rosenstock-Huessy, 1951)

*Ernsthafte deutsche Versionen:*
Alles Erdreich ist Österreich untertan.
Aller Ehren ist Österreich voll.
Aller Einigkeit ist Österreichs Unsterblichkeit.
Auf Erden ist Österreich unsterblich.

*Weitere „Interpretationen":*
Allen Ernstes ist Österreich unverbesserlich.
Allen Ernstes ist Österreich unwiderstehlich.
Allen Ernstes ist Österreich unersetzlich.
Allerlei Erdreich ist Österreichs Unglück.
Am End' is' ollas umasunst.
Alte Esel jubeln ohne Unterlass.
Auch Eselei ist offenkundig unsterblich.
Aerarisches Essen ist oft ungenießbar. (Spruch aus der Militärverpflegung)

*Kaiser Friedrich III., umgeben von den Wappen seiner Besitzungen. Miniatur im Greiner Marktbuch, um 1490.*

## Viele Talente

Habsburger Herrscher hatten viele Talente: Manche waren geschickte Realpolitiker, manche schlaue Finanzjongleure, einige großartige Bürokraten, manche passable Künstler.
Nur eines waren die Habsburger nicht: große Feldherren. Meist nahmen sie im Gegensatz zu vielen anderen europäischen Herrschern an den Kriegen und Schlachten gar nicht teil. Im Kampf fiel überhaupt nur ein Habsburger: Leopold III., 1386 in der Schlacht bei Sempach.

## Schiller und die Habsburger

Vielleicht auf der Suche nach einem Äquivalent für Shakespeares Königsdramen und weil als absolutistische Herrscher ein sich anbietender Reibebaum oder einfach weil sie historisch omnipräsent waren, finden sich die Habsburger quer durch das Werk von Friedrich von Schiller – etwa in seiner Ballade *Der Graf von Habsburg*, die etwas schwülstig und christlich-deterministisch angehaucht von einer Anekdote anlässlich der Krönung Rudolfs von Habsburg zum deutschen König erzählt.

Dabei dürfen Schiller-typische, Vortragende zum mühsamen Zurückhalten der zuckenden Mundwinkel zwingende Formulierungs- und Reim-Ungetüme wie

> *Was schaffst du? redet der Graf ihn an,*
> *Der ihn verwundert betrachtet.*
> *Herr, ich walle zu einem sterbenden Mann,*
> *Der nach der Himmelskost schmachtet;*
> *Und da ich mich nahe des Baches Steg,*
> *Da hat ihn der strömende Gießbach hinweg*
> *Im Strudel der Wellen gerissen.*
> *Drum daß dem Lechzenden werde sein Heil,*
> *So will ich das Wässerlein jetzt in Eil*
> *Durchwaten mit nackenden Füßen.*

nicht fehlen.

### Weitere Beispiele:

- Die *Wallenstein-Trilogie* beschreibt den Untergang des zuerst für die Habsburger streitenden Generals (der eigentlich Waldstein hieß.)
- *Wilhelm Tell* rebelliert gegen die Habsburger beziehungsweise ihren Stellvertreter und trifft dabei auch noch auf den habsburgischen Onkelmörder Johann Parricida.
- In *Don Carlos* stilisiert Schiller einen spanischen Habsburgerprinzen zum rebellischen Helden. (In Wirklichkeit dürfte dieser körperlich behindert und zugleich geistig zurückgeblieben, dazu jähzornig, grausam und fresssüchtig gewesen sein.)
- Und *Maria Stuart* war immerhin mit den Habsburgern verwandt. Allerdings, wer ist das nicht?

## Habsburg ist geil

Recht monarchisch bewarb eine große Elektronik-Firma eine ihrer Aktionen im Herbst 2005. Die eher für den Slogan „Geiz ist geil!" bekannte Saturn-Kette ließ für ihre „Kaiserwochen" an die „Sissi"-Filme angelehnte, 3-D-animierte Versionen von Kaiser Franz Joseph und Kaiserin Elisabeth herstellen und in idyllischen Szenerien über die Bildschirme flimmern.

## Schicksal Schweiz

- Das erste größere Herrschaftsgebiet der Habsburger lag in der heutigen Schweiz.
- Sie benannten sich auch nach ihrer hier errichteten „Habsburg".
- Durch die Eidgenossen vertrieben, verlagerten sie ihre Herrschaft weiter nach Osten.
- 700 Jahre später wurde Kaiserin Elisabeth in der Schweiz am 10. September 1898 ermordet.
- Das erste Exilland des letzten Kaisers Karl war die Schweiz.
- Seine Gattin Zita lebte, nach zahlreichen Umzügen der Familie, bis an ihr Lebensende dort.
- Sie ruht nun zwar in der Kapuzinergruft, ihr Herz aber ist in der Schweiz beigesetzt.
- Kaiserin Elisabeth überließ ihre Gedichte dem Schweizer Bundespräsidenten mit der Bitte, sein Amtsnachfolger solle sie 60 Jahre nach ihrem Tod veröffentlichen. Außerdem hatte sie ihre privaten Konten in der Schweiz.

## Die Kaiser unterm Hammer

Jedes Jahr veranstaltet das Wiener Dorotheum unter dem Titel „Kaiserhaus" eine Versteigerung mit Objekten rund um – vor allem – österreichische Monarchen und Adelige.
Die außergewöhnlich beliebten und ertragreichen Auktionen enthalten neben vielen, auch seltenen oder (kunst-)historisch bedeutenden Gemälden, Büsten und anderen Kunstobjekten auch immer wieder Gegenstände aus dem persönlichen Besitz von Habsburger-Herrschern und deren Umfeld.
Obwohl natürlich die meisten Spitzenpreise für bedeutende Gemälde erzielt werden, sind diese von Kleidung über Bücher, Einladungskarten und Briefpapier bis zu Toilettenartikeln reichenden Objekte immer sehr beliebt, besonders wenn sie von Kaiserin Elisabeth oder Kaiser Franz Joseph stammen. (Zu den Auktionen gibt es Kataloge, fast alle der Objekte sind aber auch auf der Website des Wiener Dorotheums abgebildet.)
2005 kamen an die 300 Objekte zur Versteigerung, fast alle wurden verkauft, viele weit über ihrem Schätzwert. Hier einige bemerkenswerte Posten:

26 Marie Antoinette, Erzherzogin von Österreich, Königin von Frankreich (1755–1793) – persönliche Damenflinte
*Rufpreis: 9.000 Euro*                           *Ergebnis: 20.000 Euro*

28 Kaiserin Maria Theresia von Österreich (1772–1807) – Persönlicher „Unterhaltungskalender 1803", eigenhändig geführter Kalender der zweiten Gemahlin von Franz II.(I.) mit 12 eigenhändigen Aquarellen
*Schätzpreis: 7.000 bis 9.000 Euro*            *Ergebnis: 20.000 Euro*

34 Kaiserin Maria Anna von Österreich (1803–1884) – Fußwaschungsbecher 1841
*Schätzpreis: 700 bis 1.000 Euro*              *Ergebnis: 500 Euro*

50 Kaiser Franz Joseph I. von Österreich – Fußwaschungskrug 1857, Keramik, gebraucht
*Schätzpreis: 800 bis 1.000 Euro*              *Ergebnis: 950 Euro*

60 Kaiser Franz Joseph I. von Österreich – Persönliches Taschentuch, Batist, rote Streifenbordüre, gesticktes Monogramm „FJ", mit Echtheits-Bestätigung
*Schätzpreis: 600 bis 800 Euro*               *Ergebnis: 500 Euro*

61 Kaiser Franz Joseph I. von Österreich – Persönlicher Zigarrenspitz, Meerschaum, mit Echtheits-Bestätigung
*Schätzpreis: 1.200 bis 1.600 Euro*           *Ergebnis: 1.400 Euro*

64 Kaiserliche Hofjagden – „Schuß-Liste über das in Neuberg und Eisenerz erlegte Auer- und Birkwild 1907"
*Schätzpreis: 300 bis 500 Euro*   *Ergebnis: 200 Euro*

67 Kaiser Franz Joseph I. von Österreich – Tondokument, Schallplatte, besprochen von Kaiser Franz Joseph I. am 14. Dezember 1915, und weitere Schallplatte, besprochen von Erzherzog Thronfolger Karl und Feldmarschall Erzherzog Friedrich, beide in originaler Plattenhülle
*Schätzpreis: 300 bis 400 Euro*   *Ergebnis: 850 Euro*

72 Kaiser Franz Joseph I. von Österreich – Persönliches Geschenkphoto im Geschenkrahmen 1911, mit eigenhändiger Unterschrift
*Schätzpreis: 2.500 bis 3.500 Euro*   *Ergebnis: 4.000 Euro*

92 Kaiser Franz Joseph I. von Österreich – 1 Paar persönliche Reitsporen, Metall, mit Echtheits-Bestätigung
*Schätzpreis: 1.500 bis 2.000 Euro*   *Ergebnis: 1.400 Euro*

93 Kaiser Franz Joseph I. von Österreich – Persönliches Taschentuch, weißer Leinenbatist, dunkelblaues Mäanderband, schwarz getupfte Randzone, in dunkelblau gestickter Allerhöchster Namenszug „FJ", um 1910
*Schätzpreis: 700 bis 1.000 Euro*   *Ergebnis: 850 Euro*

105 Kaiserin Elisabeth von Österreich – Persönlicher Sonnenschirm, zerlegbarer Elfenbeingriff, aprikotfarbener Seidenrips mit schwarzem Spitzenbezug,
*Schätzpreis: 3.000 bis 5.000 Euro*   *Ergebnis: 7.000 Euro*

106 Kaiserin Elisabeth von Österreich – Persönlicher Trauerfächer mit eigenhändiger Bemalung ihrer Tochter Erzherzogin Marie Valerie
*Schätzpreis: 4.000 bis 8.000 Euro*   *Ergebnis: 22.000 Euro*

114 Kaiserin Elisabeth von Österreich – Persönliches Milchglas, samt aufwändig gefertigter Kassette (da das Glas auf allen Reisen mitgenommen werden musste)
*Schätzpreis: 2.000 bis 4.000 Euro*   *Ergebnis: 8.500 Euro*

139 Erzherzogin Elisabeth Marie – Mützenband „S. M. Unterseeboot XII" (Erinnerungsstück an eine Liebesaffäre der Tochter Kronprinz Rudolfs)
*Schätzpreis: 400 bis 700 Euro*   *Ergebnis: 2.200 Euro*

190 Kaiserlich österreichischer Hof – Hofballzuckerln (Deckblätter, 2 Originalzuckerln, jeweils mit photografischem Porträt, u. a. Kaiserin Elisabeth, Kaiser Franz Joseph I., Erzherzog Eugen), Ende 19./Anfang 20. Jh.
*Schätzpreis: 300 bis 500 Euro*   *Ergebnis: 260 Euro*

213 Stockerl aus dem kaiserlichen Jagdhaus Offensee, Holz mit gepolstertem Lederbezug, Höhe 47 cm, um 1900
*Schätzpreis: 500 bis 700 Euro*   *Ergebnis: 1.300 Euro*

257 Katharina Schratt (1855–1940) – Paar Damenschuhe, inseitig handschriftliche Bezeichnung: „Fr. v. Kiss Schratt 3262", 1. Drittel 20. Jh.
*Schätzpreis: 400 bis 600 Euro*   *Ergebnis: 400 Euro*

Hier noch einige außergewöhnliche Objekte früherer Versteigerungen und ihre Erlöse (ohne Gemälde, Büsten etc.):

1995:
– Sisis Stolperstein: 30.000 Schilling
(Es handelt sich dabei um einen unscheinbaren schwarzen Stein, über den Kaiserin Elisabeth während eines Aufenthalts in Santorin stolperte. Zur Erinnerung wurde der Stolperstein an zwei Seiten beschliffen und diente der Kaiserin bis zu ihrem Tod als Briefbeschwerer.)
– eine persönliche Meerschaumpfeife von Kaiser Franz Joseph: 27.000 Schilling
– ein weißes Seidenkleid von Katharina Schratt: 47.000 Schilling

1996:
(Gesamtumsatz 4,14 Mio. Schilling)
– die Sterbebetten des österreichischen Thronfolgerpaares Franz Ferdinand und Sophie von Hohenberg: 616.000 Schilling
(erworben vom und inzwischen ausgestellt im Heeresgeschichtlichen Museum in Wien)
– das Hochzeitsservice von Erzherzogin Elisabeth Amalie und Prinz Alois von Liechtenstein: 236.000 Schilling

1997:
– fünfzehn Rezeptscheine von Kaiserin Elisabeth: 59.000 Schilling
(Es handelt sich um Apothekenscheine, auf denen ihr Leibarzt die Bestellungen für ihre Badezusätze und Salben vermerkte, sie wurden vorab auf 10.000–15.000 Schilling geschätzt)

1998:
– seidenes Hochzeitstaschentuch von Kaiserin Elisabeth: 120.000 Schilling
(Elisabeth erhielt dieses Taschentuch von ihrer Mutter anlässlich der Vermählung mit Franz Joseph I., Sisi wiederum schenkte es ihrer Lieblingstochter Marie Valerie zu deren Hochzeit weiter.)
– Polsterüberzüge der Kaiserin: 24.000 Schilling
– Gebetbuch von Kronprinz Rudolf: 90.000 Schilling
(Rudolf hatte dieses Gebetbuch, sein erstes, später seiner „lieben Mama" Elisabeth geschenkt.)

1999:
(Gesamtumsatz fast 7 Millionen Schilling)
– Porträt der Katharina Schratt: 240.000 Schilling
(Dieses Porträt ließ Kaiserin Elisabeth von Heinrich von Angeli für Franz Joseph anfertigen, um – laut Katalog – „die Freundschaft zwischen der Schauspielerin und dem Kaiser zu begründen".)
– Beinkleid von Kaiserin Elisabeth: 48.000 Schilling

2000:
– Höhenmessbarometer von Kaiserin Elisabeth: 144. 000 Schilling
(Elisabeth trug das Messgerät immer – auch zum Zeitpunkt ihrer Ermordung am Genfer See – um den Hals, Schätzwert war 30.000 bis 40.000 Schilling)
– Reiseschreibkassette von Kaiserin Elisabeth: 180.000 Schilling

2001:
– Trauerfächer von Kaiserin Elisabeth im Rokokostil: 144.000 Schilling
– silberne Schmuckkassette von Kaiserin Elisabeth: 240.000 Schilling
– persönliches Schreibzeug Thronfolger Franz Ferdinands: 376.000 Schilling
– beschädigte Windschutzscheibe: 35.000 Schilling
(nicht die Windschutzscheibe des Thronfolger-Autos, sondern eines Autos aus dem Konvoi, ersteigert vom Heeresgeschichtlichen Museum)

2002:
– persönliches Reise-Necessaire von Kaiser Franz Joseph: 31.720 Euro
(dunkelgrüne Saffianledertasche mit den Toilette- und Reiseartikeln des Kaisers, von den Bartbürsten bis zum Knopfzieher)
– die persönliche Taschenuhr Franz Josephs: 10.980 Euro
– Bett- und Nachtkästchen von Kaiserin Elisabeth: 17.080 Euro

2003:
– großes erzherzögliches Tee- und Kaffeeservice: 20.700 Euro
(aus dem Haus Habsburg, gefertigt von den Hoflieferanten Mayerhofer und Klinkosch, aus der Mitte des 19. Jahrhunderts.)
– zwei kleine Muschelschalen aus Alpaka-Silber: 2.100 Euro
(aus Kaiserin Elisabeths Palast „Achilleion" auf Korfu)

2004:
– persönliche Zigarrenspitze aus Meerschaum von Kaiser Franz Joseph: 2.900 Euro
– Spitzenblattfächer von Kaiserin Elisabeth: 16.800 Euro
(wurde ihr von Tochter Marie Valerie zum 47. Geburtstag geschenkt)
– k.k. Hofapotheken-Rezepte von Kaiserin Elisabeth: 3.900 Euro
(Die k.k. Hofapotheken-Schönheitsrezepte wurden Elisabeth auf Reisen nachgeschickt und lauten auf den Namen Gräfin Hohenems, unter dem Elisabeth zu reisen pflegte.)

## Einige Habsburger Residenzen

ÖSTERREICH:  WIEN
　　　　　　　　Schloss Schönbrunn
　　　　　　　　Hofburg
　　　　　　　　Augartenpalais
　　　　　　　　Schloss Hetzendorf

　　　　　　　　LAXENBURG
　　　　　　　　Schloss Laxenburg

　　　　　　　　WIENER NEUSTADT
　　　　　　　　Wiener Neustädter Burg

　　　　　　　　INNSBRUCK
　　　　　　　　Schloss Ambras
　　　　　　　　Die Hofburg

　　　　　　　　GRAZ
　　　　　　　　Grazer Burg

　　　　　　　　BAD ISCHL
　　　　　　　　Kaiservilla

　　　　　　　　SALZBURG
　　　　　　　　Die Residenz in Salzburg

TSCHECHIEN: PRAG
　　　　　　　　Der Hradschin

　　　　　　　　ZÁKUPY
　　　　　　　　Schloss Reichstadt

UNGARN:　　　BUDAPEST
　　　　　　　　Hofburg in Budapest
　　　　　　　　Schloss Gödöllö

ITALIEN:　　　TRIEST
　　　　　　　　Schloss Miramare

## Immer Ärger mit Philipp

Philipp I. von Kastilien, genannt „der Schöne" (span. Felipe el Hermoso, * 22. Juli 1478 in Brügge; † 25. September 1506 in Burgos), der älteste Sohn von Kaiser Maximilian I. und der erste spanische König aus dem Hause Habsburg, verbrachte trotz seines Titels die meiste Zeit seines Lebens in Belgien. Als er in Begleitung seiner Gemahlin Johanna schließlich doch nach Spanien aufbrach, um dort Thronstreitigkeiten beizulegen, war die Überfahrt so stürmisch, dass er sich sicherheitshalber in einen Ledersack einnähen ließ, der zu einer Kugel aufgeblasen und außen mit seinem Namen und seinen Titeln beschriftet wurde.
Er kam zwar heil an, starb aber bald danach unter nicht ganz geklärten Umständen.
Seine Gattin ließ ihn exhumieren und wollte ihn in einem Zug durch das Land nach Granada bringen, wo er nach seinem eigenen Willen ruhen sollte. In Tordesillas wurde sie aber aus politischen Gründen festgenommen und gefangen gehalten. Ihr Mann wurde dort erneut beigesetzt. Weiters wurden immer wieder Gerüchte über Johanna verbreitet, was ihr bis heute den Beinamen „die Wahnsinnige" einbrachte.
Als sie schließlich starb, wurde sie nach Granada überführt und neben ihrem Gatten beigesetzt, den man – ohne ihr Wissen – noch zu ihren Lebzeiten aus Tordesillas dorthin geschafft hatte.

## Habsburger Schottenrocker

Die aus Alex Kapranos, Nick McCarthy, Bob Hardy und Paul Thomson bestehende schottische Pop-Band „Franz Ferdinand" gehört zu den derzeit international erfolgreichsten Musikgruppen. Bereits ihr 2004 entstandenes Debüt-Album gleichen Namens verkaufte sich weltweit über 3,2 Millionen Mal und brachte den meist mit schwarz-rot gestreiften T-Shirts gestylten ehemaligen Kunststudenten eine ganze Reihe von Preisen und unzählige Gold- und Platin-Platten ein.
Der Name der Band bezieht sich im Übrigen tatsächlich auf den habsburgischen Thronfolger. Zuerst wurden sie dazu durch ein Rennpferd mit Namen *The Archduke Ferdinand* inspiriert, daraus wurde dann „Franz Ferdinand". Angeblich gefiel den Schottenrockern in erster Linie der Name an sich, der „cool" bzw. „ungewöhnlich" klänge. Dieser soll auch nach dem Willen der Band deutsch ausgesprochen werden. Außerdem, meinten die intellektuell angehauchten Musiker, hätte jeder diesen Namen zumindest einmal in der Schule gehört.
Franz Ferdinand war über die weit verzweigten Familienbeziehungen der Habsburger auch mit Maria Stuart verwandt und wäre so angeblich auch ein rechtmäßiger Erbe der schottischen Krone gewesen.

## Habsburger, kulinarisch

Um die Benennung der süßen Spezialität „Kaiserschmarrn" ranken sich viele Geschichten und Anekdoten. Die vier häufigsten lauten:

– Der Kaiserschmarrn wurde ursprünglich zur Ehre der aus Bayern (dem Heimatland des Schmarrns) stammenden Kaiserin Elisabeth kreiert und sollte ursprünglich „Kaiserinnenschmarrn" heißen. Da diese eher für Askese als für das Schlemmen kräftiger Süßspeise bekannt war und die Kreation nicht wollte, benannte man den Schmarrn in „Kaiser-" um.

– Ein französischer Zuckerbäcker namens Leopold kreierte die – namenlose – Nachspeise für die Kaiserin. Da die figurbewusste Kaiserin sie aber nicht anrührte, soll Franz Joseph gesagt habe: „Gib mir halt den Schmarrn her!" Ihm schmeckte das Gericht und er verlangte noch mehr. Ihm zu Ehren wurde das Gericht dann benannt.

– Der Kaiser war bei einer Jagd vom Weg abgekommen und fand gegen Abend einen Unterschlupf in einem Bauernhaus. Nicht auf derartigen Besuch vorbereitet, verfeinerte die Bäuerin ihren einfachen „Holzfällerschmarrn" mit guten Zutaten wie Eiern, Milch und Obst zu Ehren des hohen Gastes.

– Einem Koch des Kaisers misslangen die für den Kaiser vorgesehenen Palatschinken. Um die Sache zu vertuschen gab er den zerrissenen Palatschinken Rosinen, Kirschen und Puderzucker bei und behauptete, das Ganze sei eine neue Kreation. Weil diese Ausrede ein „Schmarrn", also Blödsinn war, erhielt die Speise diesen Namen.

Sicher dagegen ist, dass
– der Stefanie-Braten nach Franz Josephs und Sissis Schwiegertochter Erzherzogin Stefanie benannt wurde – und deren Gemahl und Kaisersohn Rudolf Pate der „Kronprinz (Rudolf)"-Apfelsorte ist

## Darwins Schildkröte

Im Jahr 1830 wurde nicht nur Kaiser Franz Joseph I. geboren, sondern auch „Harriet", eine der drei Schildkröten, die Charles Darwin 1835 von seiner Reise zu den Galapagos-Inseln mitgebracht hatte.
Im Gegensatz zum Kaiser erfreut sich Harriet, die aufgrund eines Irrtums bis in die 1950er Jahre noch „Harry" genannt wurde, bester Gesundheit und feierte 2005 im Zoo von Brisbane in Australien ihren 175. Geburtstag mit einem Geburtstagskuchen und ihrem Leibgericht Hibiskusblüten.

## ÄRARISCH

Kaum ein Werk über die Zeit der österreichischen (Doppel-)Monarchie kommt ohne die ein- oder sogar vielmalige Verwendung des Wortes „ärarisch" aus. Meist wird damit (spöttisch) in Wendungen wie „ärarische Beamte" die aufgeblasene bürokratische Verwaltung des Vielvölkerstaates bezeichnet.

Das Duden-Fremdwörterbuch weiß über dieses Eigenschaftswort Folgendes zu berichten:

*ärarisch* [lat.]: zum >Ärar gehörend, staatlich
und weiter
*Ärar* [lat.] das; -s, -e: 1. a) Staatsschatz, -vermögen; b) Staatsarchiv. 2. (österr.) –>Fiskus

Zur Ergänzung:

*Fiskus* [„Korb; Geldkorb"] der; –, ...ken und -se: der Staat als Eigentümer des Staatsvermögens, Staatskasse

## HABSBURG – EIN MÄRCHEN

In seinem Buch *Thunder at Twilight: Vienna 1913–1914* (Deutsch: *Wetterleuchten. Wien 1913/14*) notierte der (1924 in Wien als Fritz Mandelbaum geborene) amerikanische Schriftsteller Frédéric Morton:

*Vienna meant Habsburg. Habsburg meant Vienna. Vienna and Habsburg kept inventing each other into a crowned, turreted, sunset-hued fable that floated above ordinary earth. Compared to other urban centers in Europe, Vienna had little commerce, less industry, and hardly any of the workaday grayness of common sense. Century after century, the Viennese devoted themselves to the housing and feeding and staging of their suzerains legend.*

„Wien war Habsburg. Habsburg war Wien. Wien und Habsburg erfanden sich stets gegenseitig in einem gekrönten, turmbestückten, sonnenuntergangsgefärbten Märchen, das über der gewöhnlichen Erde schwebte. Verglichen mit anderen urbanen Zentren Europas hatte Wien wenig Handelsverkehr, noch weniger Industrie und kaum etwas von dem Alltagsgrau gesunden Menschenverstandes. Jahrhundert auf Jahrhundert widmeten sich die Wiener der Beherbergung, Ernährung und Inszenierung der Legende ihrer Oberherren."

(Übersetzung des Autors)

## GRÜSSE AUS DER TAROCKEI

Wie es sich für „Tarockanien" bzw. die „Tarockei" (Fritz von Herzmanovsky-Orlandos Bezeichnung für die Monarchie in seinem Roman *Maskenspiel der Genien*) geziemt, wurde damals auch ein Tarock-Kartenspiel mit habsburgischen Herrschern und habsburgischer Geschichte hergestellt. Ferdinand Piatnik, ein treuer Anhänger des österreichischen Kaiserhauses, verlegte 1850 das Tarock-Kartenspiel „Szenen aus der vaterländischen Geschichte", das fast ein halbes Jahrtausend habsburgischer Herrschaft in Bild und Text (auf einem Begleitzettel) festhielt. Neben den Herrschern und anderen wichtigen Personen auf den Figuren-Karten finden sich auf den 21 Tarocken je zwei historische Szenen.

Das Spiel ist seit etwas über zehn Jahren als „Habsburger-Tarock" auch wieder als aufwändiger Faksimile-Reprint bei „Ferd. Piatnik & Söhne" mit der Nummer 2888 erhältlich.

### DIE DATEN

„Tarock mit Szenen aus der vaterländischen Geschichte"
Hersteller: Ferdinand Piatnik, Wien, 1850, Format: 57 x 103 mm, Stahlstichdruck, 13 Farben schablonenkoloriert, 2 Farben handkoloriert

### BESCHRIFTUNG DER KARTEN:

| FIGUREN | | |
|---|---|---|
| | Herzkönig: | Rudolph I. |
| | Herzdame: | Philip. Welser |
| | Herzritter: | Herzog Alba |
| | Herbube: | Wilhelm Tell |
| | | |
| | Karokönig: | Albrecht I. |
| | Karodame: | Elisabeth |
| | Karoritter: | G. Nikl. Zriny |
| | Karobube: | H. Pinzenauer |
| | | |
| | Pikkönig: | Friedrich IV. |
| | Pikdame: | Elenora |
| | Pikritter: | Herz. v. Friedland |
| | Pikbube: | Deveroux |
| | | |
| | Treffkönig: | Max I. |
| | Treffdame: | Maria v. Burgund |
| | Treffritter: | Andr. Baumkirchner |
| | Treffbube: | Seifr. v. Merenberg |

| Tarocke | | |
|---|---|---|
| | I: | Liebe/Wein u. Musik |
| | II: | Rudolph I. |
| | III: | Rudolph I. |
| | IV: | Albrecht I. |
| | V: | Albrecht I. |
| | VI: | Friedrich III. |
| | VII: | H. Albrecht II. |
| | VIII: | H. Friedrich IV. |
| | IX: | Ladislaus |
| | X: | Friedrich IV. |
| | XI: | Maximilian I. |
| | XII: | Maximilian I. |
| | XIII: | Karl V. |
| | XIV: | Ferdinand I. |
| | XV: | Maximilian II. |
| | XVI: | Rudolph II. |
| | XVII: | Ferdinand II. |
| | XVIII: | Leopold I. |
| | XIX: | Karl VI. |
| | XX: | Maria Theresia |
| | XXI: | Joseph II. |
| | Skys: | Kunz v. d. Rosen |

Original-Beschreibung der dargestellten Szenen
(zwei pro Karte):

II.
Rudolph, Grafen von Habsburg, wird seine Wahl zum deutschen Kaiser verkündet. 1273. – Ottokar, König von Böhmen, huldigt knieend K. Rudolph von Habsburg in seinem Gezelte, und wird hierauf belehnt. 1276.

III.
Ottokar, König von Böhmen, stirbt auf dem Wahlplatze in dem Treffen bei Laa im Marchfelde: Heinrich von Berchtoldsdorf bedeckt ihn mit dem Wamse seines Knappen und labt ihn mit Wasser, während Rudolph von Habsburg mit Thränen in den Augen dessen schreckliches Ende bedauert. 1278. – Rudolph v. Habsburg belehnt zur Augsburg seine beiden Söhne Albrecht und Rudolph mit den Herzogthümern Oesterreich, Steyermark, Kärnthen, Krain, u.s.f. 1282

IV.
Herzog Albrecht I. zerreißt auf dem Schlosse Kahlenberg vor den Augen der abgeordneten Wiener Bürger, welche sich früher gegen ihn empört hatten, ihre Freiheitsbriefe. 1292. – Adolph von Nassau und Albrecht I. streiten um die deutsche Kaiserwürde, und Ersterer wird in der Schlacht bei Gellheim getödtet. 1298.

V.
Die bekannte Schweizer Volkssage von dem Apfelschusse Wilhelm Tells, welche sich unter Albrecht I. Regierung zu Altdorf im Kanton Uri zugetragen haben soll. 1307. – Albrechts I. Lieblingshund wird von dem Prinzen Leopold getötet, und sein Bruder Friedrich gibt sich bei dem erzürnten Vater als Thäter an. 1305.

VI.
Friedrich der Schöne wird von seinem Vetter, dem Gegenkönige Ludwig von Baiern, in der Schlacht bei Mühldorf besiegt und gefangen auf die Felsenburg Trausnitz geführt. 1322. – Friedrich, der dem Gegenkönige Ludwig die verabredeten Bedingnisse nicht zuhalten kann, sich deshalb wieder freiwillig als Gefangener stellt, wird von Letzterem als Freund empfangen. 1325.

VII.
Albrecht II. wird vergiftet, bleibt in Folge dessen an Händen und Füssen lahm, daher sein Beinahme: Der Lahme. 1330. – Albrecht II. lässt sich in's Lager vor Zürch in einem Rollsessel führen, um seine Soldaten zu mustern, und verwirft grossmüthig den Vorschlag, das durch Erdbeben halbzerstörte Basel zu überfallen. 1356.

## VIII.
Herzog Friedrich mit der leeren Tasche demüthigt sich vor dem deutschen Kaiser Sigmund im Barfüsserkloster zu Kostnitz. 1415. – Friedrich IV. entweicht aus seiner Haft zu Kostnitz, erscheint verkleidet als Minnesänger bei seinen treuen Tyrolern im Entschthale und entdeckt sich ihnen. 1416.

## IX.
Ladislaus Posthumus beschenkt als fünfjähriger Prinz den Feldherrn Giskra mit 6 Goldstücken. 1445. – Huniad's Witwe bittet zu Temeswar den König Ladislaus um Gnade für ihren Sohn, Uladislans Hunyad, der des Königs Günstling, den Grafen Cilley, ermordet hatte: er beschenkt sie gnädig mit reichen Kleidern. 1456.

## X.
Andreas Baumkirchner hält mit übermenschlicher Tapferkeit den Andrang der siegenden Feinde auf, bis das Schutzgitter des Stadtthores von Neustadt herabgelassen wird. 1452. – Kaiser Friedrich V. schmückt den Dichter Conrad Celtes mit dem Lorbeerkranze. 1490.

## XI.
Ein alter Hofdiener Erzherzog Friedrichs V. (als Kaiser VI.) bringt mit Lebensgefahr dem kleinen Prinzen Maximilian I. bessere Nahrung in die von Erzherzog Albrecht belagerte Burg. 1461. – Maximilian I. wird von der Martinswand, wo er sich auf der Gemsenjagd verirrt hatte, von einem Unbekannten herabbegleitet. 1490.

## XII.
Maximilian I. wird in Gent, woselbst er feierlich einzieht, von seiner Braut, der Prinzessin Maria von Burgund, freudig empfangen. 1477. – Maximilian I. überwindet auf einem Turniere zu Worms einen französischen Abentheurer, der alle deutschen Ritter zum Kampfe herausforderte. 1496.

## XIII.
Kurfürst Johann Friedrich von Sachsen wird nach dem Treffen von Mühlberg durch Herzog Alba als Gefangener vor Carl V. gebracht. 1547. – Carl V. hält bei Gelegenheit seiner freiwilligen feierlichen Abdankung zu Brüssel eine rührende Rede an seinen auf den Knieen liegenden Sohn Phillip. 1555.

## XIV.
Kaiser Ferdinand I. hält Gericht über die widerspännstigen Prager. 1556. – Philippine Welser entdeckt Kaiser Ferdinand I. ihre heimliche Trauung mit dessen Sohne, dem Erzherzoge Ferdinand II. 1556.

### XV.
Maximilian II. Geistesgegenwart, als er auf der Jagd von Räubern angefallen wurde. 1551. – Graf Niklas Zriny's Heldentod zu Szigeth. 1566.

### XVI.
Kaiser Rudolph II. Lieblingsbeschäftigungen. – Rudolph II. ertheilt den berühmten Majestätsbrief, wodurch den Protestanten und Utraquisten freie Religionsübung gestattet wird. 1609.

### XVII.
Ferdinand II., von den Böhmen in Wien belagert und von den österreichischen Protestanten hart bedroht, nimmt seine Zuflucht zum Gebeth und erhält Hilfe. 1619. – Graf Wallensteins Truppenwerbung in Böhmen. 1625.

### XVIII.
Georg Franz Kolschützky, ein Pole, wagt es, während der zweiten Belagerung Wiens durch die Türken, durch das feindliche Lager zu gehen, um dem Herzoge von Lothringen von der zunehmenden Gefahr Nachricht zu bringen. 1683. – Kaiser Leopold I. umarmt öffentlich den Polenkönig Sobiesky nach dem Entsatze Wiens von den Türken. 1683.

### XIX.
Die Kaiser Carl VI. ganz ergebenen Katalonier werden in Barcelona von dem Könige von Spanien Philipp V. nach wüthender Gegenwehr besiegt. 1714. – Carl VI. ertheilt den Befehl zum Baue der Carlskirche in Wien. 1736.

### XX.
Die hart bedrängte Königin Maria Theresia ruft zu Pressburg die Hülfe der Ungarn an und erhält die feierlichsten Versicherungen von deren Treue. 1742. – Kaiserin Maria Theresia stiftet zum Andenken des Sieges bei Collin den Marien-Theresien-Orden für verdiente Offiziere. 1757.

### XXI.
Kaiser Joseph II. führt auf der Herrschaft Boskowitz in Mähren mit eigener Hand den Pflug. 1769. – Kaiser Joseph II. mit Laudon und zwei anderen Generalen auf einem Gebirge an der böhmischen Grenze. Der Kaiser versichert Laudon, dessen Name sei auch ohne Titel für die Nachwelt genug. 1778.

(Quelle: Piatnik und z.T. Klaus Reisinger, Tarocke – Kulturgeschichte auf Kartenbildern". 6 Bde. Wien 1996)

## Der letzte König von Ungarn

Otto Habsburg, der Sohn des letzten Kaisers Karl I., wurde anlässlich seiner Großjährigkeit 1930 nominell König von Ungarn. Da die ungarische Monarchie erst 1946 offiziell aufgelöst wurde, hatte Otto tatsächlich 16 Jahre lang die Königswürde inne. Wenn auch exiliert und nicht regierend. Otto, eigentlich „Franz Joseph Otto Robert Maria Anton Karl Max Heinrich Sixtus Xavier Felix René Ludwig Gaetano Pius Ignatius von Habsburg(-Lothringen)" wurde am 20. November 1912 in Reichenau an der Rax geboren. Nach seiner Jugend im Exil versuchte er im Ständestaat eine Rückkehr an die Macht, mit dem Ziel Österreich vor Hitler zu schützen. Daraus wurde nichts, aber ebenso wenig erlag er den Versuchen Hitlers ihn für seine Zwecke einzuspannen. Er floh und die Nazis verfolgten später sogar die Angehörigen des Hauses Habsburg, die sie als potentielle Konkurrenten ansahen, da sie nie – im Gegensatz zur deutschen Kaiserfamilie – auf ihre Herrschaftsansprüche verzichtet hatten. Nach dem Krieg wandte sich Otto der vom ihm gegründeten Paneuropa-Union zu, verzichtete auf alle Ansprüche und wurde österreichischer Staatsbürger und Europaparlamentarier – allerdings für Deutschland, da er auch deutscher und kroatischer Staatsbürger ist.

Otto Habsburg-Lothringen hat sieben Kinder und 22 Enkelkinder. Er ist Ehrenbürger zahlreicher Gemeinden in Österreich, Ungarn, Spanien, Frankreich, Tschechien, Slowakei und Kroatien, Dr. h. c. der Universitäten von Milwaukee, Nancy, Tampa, Cincinnati, Jerusalem, Ferrara, Pecs, Veszprem, Budapest, Turku, Osijek und Skopje, Professor h. c. der Universität von Bogotá, Ehrenmitglied des *Instituto de Estudios da Marinha* (Portugal), Honorary Fellowship der Universität Jerusalem, Ehrensenator der Universität Maribor, Master of Law and Economics h. c. der Imadec University Wien und neben anderen Ehrungen Träger folgender Orden:

Orden vom Goldenen Vlies (1916), Großkreuz des Ordens Carlos III. von Spanien (1951), Bailli-Ehren und Devotionskreuz mit dem Profeßkreuz ad honorem des Souveränen Malteser Ritterordens (1959), Großkreuz des Päpstlichen Gregorius-Ordens mit Band und Stern (1980), Großes Bundesverdienstkreuz der Bundesrepublik Deutschland (1987), Bayerischer Verdienstorden (1978), Großkreuz des Bayerischen St. Hubertus-Ordens, Großkreuz Lion d'Or von Luxemburg, Orden de Africa, Orden Hilal i Quaid i Azam von Pakistan (1993), Großkreuz des König Zvonimir-Ordens von Kroatien (1996), Maarjaa Maa-Orden der Republik Estland (1996), Großkreuz des Verdienstordens der Republik Ungarn (1999), Commandeur de l'Ordre de la Legion d'Honneur von Frankreich, Großkreuz des St. Agathe-Ordens der Republik San Marino (2002), Großkreuz des Drei-Stern-Ordens der Republik Lettland, Ehren-Ritter des Deutschen Ordens.

## In Her Majesty's Secret Service

Dr. Brinkmann in spe, Klausjürgen Wussow als früher James Bond der Kaiserin Maria Theresia, der auf ihr charmantes „Leutnant von Rotteck, ich hab' einen Auftrag für Ihn!" hin jede Gefahr auf sich nahm – das war Anfang der 1970er-Jahre TV-Abenteuer pur.

Die Zeitschrift *Funk-Uhr* vermerkte dazu (Heft 39/1970): „Er stürzt sich von meterhohen Dächern! Er kämpft mit gefährlichen Bären! Er schwimmt durch reißende Flüsse! Er reitet auf wilden Pferden! Und alles für eine einzige Frau: für Kaiserin Maria Theresia! ‚Entweder ich mache diese Sache ganz oder gar nicht!' Das versprach Burgschauspieler Klaus-Jürgen Wussow (41), als man ihm die abenteuerlichste Rolle seines Lebens anbot: den draufgängerischen Rittmeister von Rotteck, der in der neuen ZDF-Serie *Der Kurier der Kaiserin* für Maria Theresia sein Leben wagt.

Wussow hielt Wort: Vom ersten bis zum letzten Drehtag, 24 Wochen lang, spielte er als ‚Supermann' alle gefährlichen Szenen ohne Double!"

### Daten: „Kurier der Kaiserin" (D, 1970–1971)

| | |
|---|---|
| Klausjürgen Wussow | *Leutnant Rotteck, Kurier der Kaiserin* |
| Matthias Grimm | *Padua, Rottecks Bursche* |
| Volker Kraeft | *Rittmeister von Buckow, Rottecks Gegner* |
| Marianne Schönauer | *Kaiserin Maria Theresia* |
| (insgesamt 26 Episoden) | |

## Die Weltreise des Erzherzogs

Thronfolger Erzherzog Franz Ferdinand unternahm – nicht zuletzt auch aus gesundheitlichen Gründen – ab dem Jahre 1892 an Bord der *S.M.S. Kaiserin Elisabeth* eine zweijährige Weltreise. Diese führte ihn unter anderem nach Indien, Japan, Australien und Nordamerika. Davon zeugen auch etliche Fotos mit Beschriftungen wie:

„Der Erzherzog in Begleitung am Krater des Papundujyan, Japan."
„Der Erzherzog mit Begleitung beim Uramini-Jacki Fall, USA."
„Im Yellowstone Park."
„An Bord R.M.S. Empress of China."
„Neu-Guinea-Papuas in Anuapata."
„Der Stab der ‚Kaiserin Elisabeth' an Bord."
„Indien-Gwalior ‚Picksticking'"
(*Picksticking*, öfter *Pigsticking* genannt, ist eine Jagd mit Speeren auf

Wildschweine vom Pferd aus – besonders geschätzt von Lord Baden-Powell, dem Gründer der Pfadfinder.)

Der „Vielvölkerstaat" USA soll den Erzherzog sehr beeindruckt und ihn angeblich zu Überlegungen für eine Reform der Donaumonarchie angeregt haben. Wozu es dann freilich nicht mehr kam.

Franz Ferdinand war übrigens ein begnadeter Schütze: Er traf in die Luft geworfene Münzen im Flug und stutzte, krankheitsbedingt in einem Liegestuhl liegend, mit seiner Pistole einen Baum nach Anweisungen des Gärtners.

Auch war er ein passionierter – oder eher pathologischer – Jäger und stellte die offiziell verzeichneten 50.520 Abschüsse seines Onkels Franz Joseph locker in den Schatten: Er soll in seinem bedeutend kürzeren Leben 274.889 Stück Wild erlegt haben.

## Einige habsburgische Rosen

*(Jahreszahl ist das Zuchtjahr)*

- Archduchess Charlotte (ca. 1975)
- Archiduc Charles (Klasse: China; auch: Archduke Charles, ca.1825)
- Archiduc Charles (Klasse: Gallica; auch: Aimable Emma, Aimable Sophie, Belle Hélène, Clémence Isaure; vor 1815)
- Archiduc Joseph (auch: Archduke Joseph; 1892)
- Archiduchesse Dorothée
- Archiduchesse Elisabeth-Marie (1898)
- Archiduchesse Elizabeth d'Autriche (nicht nach Kaiserin Elisabeth, sondern nach Elisabeth Franziska Maria von Habsburg-Lothringen [1831–1903] benannt; 1881)
- Archiduchesse Maria Immaculata (1887)
- Archiduchesse Thérèse (vor 1880)
- Climbing Archduke Charles
- Duchesse de Montebello (nach: Louise Antoinette Lannes, Duchesse de Montebello [1782–1856], Ehrendame und Freundin der Kaiserin Marie Louise; 1824)
- Erzherzog Franz Ferdinand (auch: Louis Lévêque, ca. 1892)
- Erzherzogin Marie Dorothea (auch: Archiduchesse Marie-Dorothée Amelié; Erzherzogin Marie Dorothea; ca. 1892)
- Marie Louise (auch: A Fleurs Gigantesques, Agathe Couronnée, Agathe Rose, Augustine Pourprée, Belle Flamande, Caprice du Zéphyre, Mutabilis, Orphée de Lille, Tendresse Admirable; vor 1813)
- Sissi ® (auch: Blå Måndag, Blue Girl, Blue Monday, Mainzer Fastnacht, Navo-Rose, Sissy, TANnacht, TANsi, TANsi 0343; 1964)
- Souvenir de l'Emperor Maximilien (1867)

## DER HÄSSLICHE MUSIKUS

Kaiser Leopold II. war sicher einer der unansehnlichsten unter den meist sowieso nicht mit optischen Vorzügen gesegneten Habsburgern. Dafür war er intelligent, gebildet und ein tatsächlich begabter Musiker. Er schrieb:
- 79 kirchliche Kompositionen, darunter acht Oratorien und
- 155 weltliche, darunter neun *feste teatrali* und 17 Bände Ballett mit 102 Tänzen.

Drei deutsche Singspiele, zwei deutsche Oratorien und einige deutsche Kirchenlieder sind erhalten.

Obwohl erzkatholisch und eigentlich für eine kirchliche Laufbahn vorgesehen, war er der einzige bombastisch-pompöse Barockherrscher des Hauses und gab im Gegensatz zum Rest der Familie Unsummen für Feste aller Art, Feuerwerke etc. aus.

Seine Oper *Il pomo d'oro* etwa hatte 65 Bühnenbilder und kostete 100.000 Gulden.

Bei einem anderen Fest wurden 73.000 Glutbälle, 300 Raketen, zehn Mörserladungen und 30 Riesenraketen abgefeuert.

Außerdem bestand er penibel auf jedes noch so absurde Detail des spanischen Hofzeremoniells – außer wenn im Fasching die Hofburg als Landwirtshaus „Zum Schwarzen Adler" verkleidet wurde, mit dem Kaiser und der Kaiserin als Wirtsleuten.

## HABSBURGISCHE VORNAMEN-HITLISTE 1984–2004

In einer Liste aller in den Jahren 1984 bis 2004 in Österreich vergebenen Vornamen wurden folgende Namen, bei denen ein habsburgischer Hintergrund der Namensgebung zumindest vermutet werden darf, vergeben:

| NAME | HÄUFIGKEIT | RANG (unter jeweils allen männlichen bzw. weiblichen Vornamen) |
|---|---|---|
| Franz Ferdinand | 2 | 2.729 |
| Franz Joseph | 100 | 317 |
| Franz Josef | 15 | 910 |
| Sisi | 1 | 4.788 |
| Sissi | 15 | 1.133 |
| Sissy | 49 | 603 |
| Zita | 27 | 821 |

## Magisches Prag

Das Prag zur Zeit von Kaiser Rudolf II. hatte viel an Geheimnisvollem und Mystischem, aber auch Reichliches an internationaler Prominenz aus Kunst und Wissenschaft zu bieten. Hier ein Überblick:

- Der Kaiser selber neigte stark zu Alchemie und Astrologie.
- Johannes Kepler arbeitete in Prag und war sich auch für astrologische Berechnungen nicht zu schade.
- Dort lernte er auch den astrologiegläubigen Feldherrn Albrecht von Wallenstein (Waldstein) kennen, der ihn später als seinen persönlichen Astrologen engagierte.
- Im jüdischen Ghetto wirkte der „Wunderrabbi" Löw, der dort – neben vielen anderen Wundertaten – auch den Golem erschaffen haben soll.
- Vorstand der jüdischen Bevölkerung war der reiche Kaufmann Mordechai Meisl, der nicht nur eine rege Bautätigkeit in Gang setzte, sondern auch dem Kaiser immer wieder und oft im Austausch gegen Privilegien für die jüdische Bevölkerung Geld lieh.
- Die Gräber von Meisl und Rabbi Löw kann man heute noch am jüdischen Friedhof in Prag besichtigen.

Eine schöne, traumhafte Widerspiegelung dieser und vieler anderer Personen sowie des damaligen Prag überhaupt findet sich in dem aus 14 Novellen bestehenden, sehr empfehlenswerten Roman *Nachts unter der steinernen Brücke* von Leo Perutz.

## Österreichs „einzige Kolonie"?
## Teil 3

Abgesehen vom Franz-Joseph-Land und den Nikobaren, die wechselseitig gerne als Österreichs „einzige Kolonie" bezeichnet werden, gab es tatsächlich noch weitere außereuropäische Niederlassungen des Habsburgerreiches – sie konnten nur nie besonders lange gehalten werden.

Träger dieser Vorhaben waren, wie bei anderen Großmächten, vor allem die so genannten „Handelskompagnien" und von diesen besaß auch Österreich mehrere.

Die „1. Orientalische Handelskompagnie" wurde schon 1667 in Wien gegründet.

Nach deren Auflösung wurde 1719 die Ostindische Handelskompagnie" gegründet. 1722 folgte die Gründung der „kaiserlich und königlichen Kompanie für die österreichischen Niederlande".

Diese Gesellschaften errichteten Handelsniederlassungen u. a.

– in Indien (an der Gangesmündung in Banki Basar, 1722)
– an der Ostküste Vorderasiens
– in Kanton (China)
– an der Koromandelküste (Cablou und Sadatpatnam, südlich von Madras, 1719). Hier wurde sogar eine Festung gebaut.

1775 wurde eine weitere „Österreichisch-ostindische Handelskompagnie" gegründet, die wiederum in Indien und an der Küste Südostafrikas Forts und Faktoreien errichtete.
Zeitweise bestanden auch Stützpunkte in Nordafrika von Marokko bis Tunesien. Außerdem war geplant, Madagaskar und Tobago (in der Karibik) zu erwerben. In Verträgen mit anderen Mächten, etwa als Gegenleistung für die Anerkennung der „Pragmatischen Sanktion" durch England, gab Österreich seine Stützpunkte, Kolonien und Handelsstationen wieder auf.

## STICHWORT: JOSEPH II.

– Geboren am 13.3. 1741 in Wien.
– Kaiser Joseph II. war nicht nur für seine vielen Reformen und Reisen, sondern vor allem auch für seine spitze Zunge bekannt: Sein Bruder Leopold II., der zweitälteste Sohn von Maria Theresia, brachte es auf 16 legitime Nachkommen (und zahlreiche, teilweise bekannte illegitime Kinder) und wurde deshalb von Joseph auch als „trefflicher Bevölkerer" bezeichnet.
– Er selbst wurde auch „Ägyptischer Joseph" genannt, weil er nach dem Tod seiner Frau Isabella keine weitere Gemahlin, keine Mätresse und auch keinen „Günstling" hatte. Er lebte aber mitnichten asexuell, sondern hatte zahlreichen Kontakt mit dem Personal und verkehrte auch in „liederlichen Häusern". Allerdings, so manche Legende, zahlte er nicht viel. Angeblich wurde er deshalb einmal am Spittelberg aus einem Etablissement geworfen, woran heute noch eine Tafel in dem mittlerweile „Witwe Bolte" benannten

Lokal erinnert: „Durch dieses Thor im Bogen/ist Kaiser Joseph geflogen."
- Über seinen Haupterzieher Ajo, einen alten militärischen Haudegen, berichtete er: „Ich hab von meinem Ajo nichts gelernt als zu sagen: Leck mich am Arsch!"
- Seine Krönung zum deutschen König am 3. April 1764 beschrieb Goethe folgendermaßen:
  „Der junge König schleppte sich in den ungeheuren Gewandstücken mit den Kleinodien Karls des Großen wie in einer Verkleidung einher, so daß er selbst, von Zeit zu Zeit seinen Vater ansehend, sich des Lächelns nicht enthalten konnte. Die Krone, welche man sehr hatte füttern müssen, stand wie ein übergreifendes Dach vom Kopf ab. Die Dalmatika, die Stola, so gut sie auch angepaßt und eingenäht worden, gewährte doch keineswegs ein vorteilhaftes Aussehen. Zepter und Reichsapfel setzten in Verwunderung; aber man konnte sich nicht leugnen, daß man lieber eine mächtige, dem Anzuge gewachsene Gestalt, um der günstigen Wirkung willen, damit bekleidet und ausgeschmückt gesehen hätte."
- Joseph wollte viel ändern und reformierte mit großer Konsequenz. Manche seiner Reformen wurden von der Bevölkerung jedoch extrem bekämpft und mussten zurückgenommen werden, wie die Anordnung, dass Tote nicht mehr in einem Sarg beigesetzt, sondern zur schnelleren Verwesung nackt in einen Sack eingenäht werden sollten. Diese Säcke waren dann durch einen über dem Loch befindlichen, unten zu öffnenden „josephinischen Klappsarg" in die Grube befördert worden.
- Er ließ meist kein gutes Haar an der Staatsverwaltung – einmal wetterte er:
  „Bei den Hottentotten und Irokesen könnten nicht schauerlichere und lächerlichere Dinge sich ereignen als in der österreichischen Staatsverwaltung, besonders in den Hofstellen und in der Staatskanzlei."
- Joseph war ausgesprochen sozial und humanistisch eingestellt. In Brünn ließ er sich eine Stunde in den hintersten Kerker des angeblich schlimmsten Gefängnisses des Reiches sperren. Hustend, blass und feucht kam er heraus und verfügte: „Ich war der letzte Mensch in diesen Räumen."
- Er regierte knapp 25 Jahre lang und verbrachte von diesen 7102 Tagen 2260 auf Reisen, meist „inkognito" als Graf von Falkenstein.
- Am Sterbebett diktierte er: „Ich habe immer nur gewollt."
- Er starb am 20. 2. 1790 in Wien.

*Franz Grillparzer*
## Ein Bruderzwist in Habsburg
Trauerspiel
(posthum uraufgeführt 1872)

PERSONEN:
Rudolf II., römisch-deutscher Kaiser
Mathias I. } *seine Brüder*
Max
Ferdinand } *seine Neffen*
Leopold
Don Cäsar, *des Kaisers natürlicher Sohn*
Melchior Klesel
Herzog Julius von Braunschweig
Heinrich Matthes Thurn
Graf Schlick, *Wortführer der böhmischen Stände*
Seyfried Breuner
Oberst Wallenstein
Wolf Rumpf, *des Kaisers Kämmerer*
Oberst Ramee
Ein Hauptmann
Feldmarschall Rußworm
Prokop, *ein Bürger von Prag*
Lukretia, *seine Tochter*
Ein Fahnenführer
Ein Arbeiter
Mehrere Kämmerer, Soldaten, Bürger, und Diener

*Fritz von Herzmanovsky-Orlando*
## —— Kaiser Joseph ——
### und die Bahnwärterstochter
Ein parodistisches Spiel mit Musik

Personen:

*Von Allerhöchsten Herrschaften*
S. M. KAISER JOSEPH II., in der Maske eines schlichten, doch vornehmen Reisenden, bisweilen unter dem Namen eines Grafen von Falkensteyn

*Vom Hochadel*
Gräfin Primitiva von Paradeyser, *Obersthofmeisterin*
Veronica von Marsilien\*
Lucretia von Landschad\* } *Comtesserln bei Hof*
Ottilie von Hatzfeldt\*
S. H. Wolf Dietrich Fürst Pfauenberg, *k. k. Obersthofmarschall\**
S. E. Ludwig Graf Cobenzl, *geh. Staatsminister*
Orpheus Graf Wumpsprandt, *Oberstküchenmeister von Kärnthen*
Orpheus der Jüngere, *dessen Herr Sohn*

*Von der Hofgesellschaft*
Kreutzwendelin Graf Schaessburg\* } *Kammerherren*
Onophrius Freiherr von Laab im Walde\*
Dagobert Pappelberg, *Edler von Kaiserhuld und Pappelforst\**
Verschiedene Kammerherren und Hofdamen
Zwei österreichische Pagen

*Vom ausländischen Adel*
Lord Percy Fairfax Fitzroy Hobgoblin, *kgl. Britannischer Botschafter*
Sir Hugh Algernon Whimbhall, *dessen Sekretär*
Zwei englische Pagen

*Aus der zweiten Gesellschaft*
Ignazette Freiin von Zirm, née Scheuchengast, aus dem Hause der Scheuchengast-Scheuchengast, fälschlich auch Eynöhrl genannt

*Aus dem guten Mittelstande*
Zahlreiche Reisende, einem von der verkehrten Seite angekommenen Zug entsteigend

*Hofbedienstete*
Abdias Hockauf, *kaiserl. erbländischer Hofzugs-Vorreiter*
Zwei Lakaien am Hofwagen

*Aus dem gewöhnlichen Mittelstande*
Gackermaier Leopoldine, *eine beleibte Wirtfrau*

*Franz Grillparzer*
## Ein Bruderzwist in Habsburg

**Erster Satz**
*Gerichtsperson:*
Im Namen kaiserlicher Majestät
Ruf' ich euch zu: Laßt ab!

**Letzter Satz**
*Von der Straße:*
Vivat Mathias!
*(Indem das Vivatrufen fortwährt und Mathias das
Gesicht mit beiden Händen bedeckt, fällt der Vorhang.)*

**Denkwürdige Zitate**

*Mathias:*
Das ist der Fluch von unserm edeln Haus:
Auf halben Wegen und zu halber Tat
Mit halben Mitteln zauderhaft zu streben.

– – –

*Klesel:*
Was soll euch Steyr?

– – –

*Rudolf:*
Mein Haus wird bleiben, immerdar, ich weiß,
Weil es mit eitler Menschenklugheit nicht
Dem Neuen vorgeht oder es begleitet,
Nein, weil es, einig mit dem Geist des All,
Durch Klug und scheinbar Unklug, rasch und zögernd,
Den Gang nachahmt der ewigen Natur
Und in dem Mittelpunkt der eignen Schwerkraft
Der Rückkehr harrt der Geister, welche schweifen.

*Aus dem Volke*
Zwölfaxinger Franz, *k. erbl. Bahnwärter*
Innocentia, genannt Nozerl, *dessen ehel. Tochter*
Teuxelsieder Franz, *k. erbl. Hilfsheizerstellvertretersanwärtersubstitutengehilfe ohne Gebühren, Innocentias heimlich Verlobter*
Piffrader Franz, *k. erbl. Lokomotivführer*
Nebelkettinger Franz, *k. erbl. Verschieber*
Mugelschupfer Franz ⎫
Trummruckinger Franz ⎬ *k. erbl. Streckenarbeiter*
Zwaxelhofer Franz ⎪
Wachelberger Franz ⎭
Zwei Bauernburschen, Franz und Franz
Francois, ein Lakai\*
Zwei Lavendelweiber\*
Drei behördlich konzessionierte Zugs-Ankunfts-Wahrsagerinnen

*Figuren zweifelhafter Provenienz*
Zwei Gnomen, auf einer Draisine

*Aus dem Abschaum*
Rinaldo Rinaldini, *ein Mörder, auf der sommerlichen Erholungsreise begriffen*
Beppo, *dessen Adjutant*

*Aus der Hölle*
Rinaldinis arme Seele\*

*Aus dem Reich der Täuschungen*
Ein K.K. Doppeladler
Waldmann, ein Dackel, als Zugmeldehund tätig ⎫
Mehrere Lämmlein ⎬ *alle ausgestopft*
Ein Pfefferfresser ⎭

*Ort und Zeit*
Vor dem Bahnwärterhaus in Wuzelwang am Wuzel, 1786

(Die mit \* bezeichneten Rollen sind stumm und müssen bei Aufführungen nicht eigens besetzt werden.)

Denkwürdiges Zitat:

*Cobenzl:*
Eines Österreichers Chance auf Karriere
Ist, wenn er zu Haus bleibt, nicht sehr groß.
Nur wer Sitzfleisch hat, der bringt's zu Ruhm und Ehre –
Der Erfolg ist eine Frage des Popos.

## Stichwort: Kaiserin Elisabeth

- Geboren als Elisabeth Eugenie Amalie von Wittelsbach Herzogin in Bayern am 24. 12. 1837 in München.
- Am 24. April 1854 heiratete sie 16-jährig den Kaiser Franz Joseph.
- Ihr Polterabendkleid wurde von ihrem Vater von einer Orientreise mitgebracht. Es ist mit arabischen Schriftzeichen versehen, die übersetzt bedeuten: „Herr, welch schöner Traum".
- Zwei Wochen nach der Hochzeit schrieb sie:

    *O! daß ich nie den Pfad verlassen,*
    *der mich zur Freiheit hätt' geführt,*
    *O daß ich auf der breiten Straßen*
    *Der Eitelkeit mich nie verirrt.*

- Sie legte sehr viel Wert auf ihre Schönheit.
- Sie schminkte sich aus Prinzip nicht und ließ sich auch nicht schminken.
- Auf ihre Haare war sie besonders stolz und ließ sie nie abschneiden. Bei ihrem Tod reichten sie bis zum Boden und wogen 5 kg. Das tägliche Frisieren dauerte 2–3 Stunden, zum Haarewaschen – u. a. mit 12 Eidottern – wurde ein ganzer Tag veranschlagt.
- Sie badete gerne in Milch.
- Elisabeth achtete auch immer auf perfektes Äußeres. So ließ sie sich im Sattel sitzend ihr Reitkostüm festnähen, um keine unerwünschten Falten zu werfen. Ihre Schneiderin besaß eine Pferdeattrappe mit Damensattel, um den perfekten Sitz jedes Kleides testen zu können.
- Sie hatte bei einer Körpergröße von 172 cm einen Taillenumfang von 50 cm und wog selten mehr als 50 kg. Wenn doch, fühlte sie sich „dick wie eine Tonne". Teilweise ernährte sie sich wochenlang nur von Veilcheneis und von gepresstem Saft aus rohem Kalbfleisch.
- Obwohl exzentrisch und in vieler Hinsicht exzessiv, war die Kaiserin im persönlichen Kontakt schüchtern und schweigsam.
- Sie rauchte – auch in der Öffentlichkeit –, was als extrem unschicklich galt und sogar für Skandale sorgte.
- Um öffentlichen Verpflichtungen zu entgehen, benutzte sie oft auch ihre Menstruation unverblümt als Ausrede.
- Sie hatte ein distanziertes Verhältnis zu ihrem Sohn Rudolf, mochte ihre Schwiegertochter nicht und nannte sie nur „das Trampeltier".
- Ihre einzige politische Leistung war der „Ausgleich" mit Ungarn, für das sie schwärmte und dessen schwere Sprache sie erlernte.
- Sie reiste häufig zu Jagdausflügen nach England und nahm dort an Fuchsjagden und Parforceritten teil, die sie auch oft, durch tägliches stundenlanges Training, vor ihren männlichen Mitstreitern gewann.
- Sie schrieb zeitlebens Gedichte und nannte sich als Dichterin

„Titania" – und ihren Gatten demzufolge je nachdem „Oberon" oder „grauer Esel".

- Mit 50 verliebte sie sich – Hals über Kopf wie ein Schulmädchen – in den Dichter Heinrich Heine, der zu diesem Zeitpunkt allerdings schon 30 Jahre tot war. Sie nannte ihn „Meister", sich selbst seine „Jüngerin" und glaubte mit seiner Seele in Kontakt zu stehen.

  Da Heine Griechenland liebte, erlernte sie Neugriechisch und übersetzte sogar den *Hamlet* in diese Sprache. Sie übersetzte auch – wie Heine – Gedichte eines anderen Griechenlandschwärmers, Lord Byrons, ins Deutsche.

- Für Sex hatte sie nicht viel übrig und sprach in einem Gedicht sogar davon, dass ihr davon übel würde. Schwärmerische Beziehungen etwa zu ihrem ungarischen Freund Graf Gyula Andrássy oder ihrem Cousin König Ludwig von Bayern waren daher mit Sicherheit platonisch. Nur mit ihrem Phantasiegeliebten Heine scheint sie – im Traum – so manche heiße Nacht verbracht zu haben, wie sie ihrer Tochter anvertraute und auch in einem ihrer Gedichte verewigte:

  > *Es schluchzt meine Seele, sie jaucht und sie weint,*
  > *Sie war heute Nacht mit der Deinen vereint;*
  > *Sie hielt dich umschlungen so innig und fest,*
  > *Du hast sie an Deine mit Inbrunst gepresst.*
  > *Du hast sie befruchtet, Du hast sie beglückt,*
  > *Sie schauert und bebt noch, doch sie ist erquickt.*
  > *Könnten nach Monden aus ihr auch erblüh'n*
  > *So wonnige Lieder, wie Dir einst gedieh'n!*
  > *Wie würde sie hegen, die Du ihr geschenkt,*
  > *Die Kinder, die Du, Deine Seele getränkt.*

- Dass ihre späteren Gedichte ihr vermutlich eher nicht, wie sie glaubte, vom toten Heine selbst eingegeben gewesen sein dürften, lässt sich – ganz unspirituell – an deren Qualität erkennen.
- Sie fuhr gern bei Sturm in abgetakelten Kähnen aufs Meer und ließ sich dann auf einem Stuhl sitzend am Mast festbinden, um den

Naturgewalten besonders nahe zu sein. Aus Verbundenheit mit dem Meer ließ sie sich auch einen Anker auf die Schulter tätowieren. Was den Kaiser naturgemäß entsetzte, ihre Tochter aber eher „cool" fand.
– Wegen ihres hohen Marschtempos etwa bei Besichtigungen wurde sie von den Griechen auch „die Eisenbahn" genannt.
– Sie wandte sich von der Kirche ab, obwohl sie an eine überirdische, aber abgehobene Kraft, von ihr als „Jehova" bezeichnet, glaubte. Sie bemerkte einmal: „Rudolf hat meinen Glauben totgeschossen."
– In den 90er-Jahren stellte ein Arzt bei ihr Hautschwellungen besonders an den Knöcheln fest und diagnostizierte – korrekt – Hungerödeme.

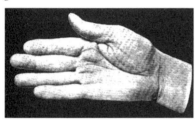

*Die Hand des Mörders*

– Eine Röntgenaufnahme verweigerte sie 1898 mit der Begründung, dass sie sich nicht bei lebendigem Leib sezieren und im Übrigen überhaupt nur sehr ungern fotografieren ließe. (Das letzte offizielle Foto stammt von 1869.)
– Sie wurde am 10. September 1898 in Genf ermordet.
– Die Tatwaffe, die Feile des Attentäters, ist heute im „Sisi Museum" in der Wiener Hofburg ausgestellt, wo auch u. a. ihr persönlicher Milchbecher und ihre Fleischpresse zu bewundern sind.
– Erst der Tod machte sie zum Star: Zu Lebzeiten interessierte sich (in Österreich) kaum jemand für die ständig abwesende Kaiserin.
– Die Ungarn aber liebten und lieben ihre Königin noch immer, siehe etwa die dreisprachige Website:
*http://erzsebet-kiralyne.lap.hu/*

## —— Wir sind alle Habsburger ——

Wenn man die lange Geschichte, die weite Verbreitung, die vielen Nachkommen der weiblichen Vertreter des Hauses unter anderen Namen, die vielfachen Seitensprünge der männlichen Vertreter und deren Ergebnisse sowie die Regeln der Statistik in Betracht zieht, kann man mit Fug und Recht davon ausgehen, dass jeder heutige Bürger Europas, soweit er (mittel-)europäische Vorfahren besitzt, zumindest ein wenig habsburgisches Blut in seinen Adern hat.

## RESTITUTION 2

Einen interessanten „Nebeneffekt" löste das erst 2001 erlassene Bundesgesetz über die Einrichtung eines Allgemeinen Entschädigungsfonds für Opfer des Nationalsozialismus und über Restitutionsmaßnahmen – auch bekannt als „Entschädigungsfondsgesetz" – aus:
Im Mai 2003 beantragten drei Gruppen der Familie Habsburg-Lothringen die Rückstellung von Liegenschaften des ehemaligen „Familienfonds" des Hauses.
Es handelte sich dabei um Güter, die zwar wie alle Besitztümer der Familie im Jahr 1919 enteignet worden waren, jedoch 1934 von der Regierung Schuschnigg den Habsburgern zurückgegeben und in den so genannten „Familienversorgungsfonds des Hauses Habsburg-Lothringen" eingebracht wurden. Diese Güter waren dann 1938 auf Weisung Hitlers und Himmlers wieder beschlagnahmt worden, wurden aber nach 1945 nicht noch einmal rückgestellt.
Da die Enteigner daher nicht die Republik, sondern die Nazis waren, erhofften sich die Antragsteller (der Neffe von Otto Habsburg, Carl-Christian, in Vertretung von 180 Familienangehörigen) die neuerliche Rückgabe.
Zur Debatte standen dabei im Wesentlichen die Güter:
– Mattighofen
– Orth an der Donau (samt Schloss Eckartsau)
– Pöggstall (samt Spitz an der Donau)
– Vösendorf
– Laxenburg (samt Schloss, Park und Lanzendorfer Au)
– Krampen
– Mannersdorf/Leitha,
weiters fünf Wiener Zinshäuser und Wertpapiervermögen.
In erster Linie ging es der Familie dabei um den Forstbesitz, denn allein der Wald wäre heute rund 200 Millionen Euro wert.
Die „Schiedsinstanz für Naturalrestitution" entschied Ende 2004 gegen den Antrag, und zwar „aus verfassungsrechtlichen und völkerrechtlichen Gründen." Darüber hinaus erklärte sich die Schiedsinstanz als eigentlich nicht zuständig, da keine „inhaltliche Prüfung erfolgen könne, wenn die Ablehnung aus verfassungs- und völkerrechtlichen Gründen feststehe." Ein Rechtsmittel gegen die Entscheidung sei nicht zulässig. Ob diese Sache damit aber wirklich erledigt ist, wird sich erst zeigen.

## Nicht ganz Heinrich VIII.

Nicht auf sieben, aber immerhin auf vier Frauen brachte es Kaiser Franz II. (I.).
Eher ein Familienmensch als ein „Frauenverschlinger", starben seine ersten drei Gattinnen an Krankheiten, wurden also weder von ihm geschieden noch hingerichtet.

1. Elisabeth Wilhelmine von Württemberg-Mömpelgard (1767–1790)
   starb bei der Geburt des ersten Kindes.
2. Kaiserin Maria Theresia (1772–1807)
   starb bei der Geburt des 12. Kindes.
3. Kaiserin Maria Ludovica Beatrix (1787–1816)
   starb an Tuberkulose und blieb kinderlos.
4. Kaiserin Karolina Augusta (1792–1873)

Als er sie das erste Mal sah, soll er angesichts ihres blühenden Aussehens erfreut reagiert und gesagt haben:
„Dann hab' ich nicht in ein paar Jahren gleich wieder eine Leich'."
Robust und gesund überlebte sie den Kaiser um 38 Jahre.

## Die Protestantin in der Gruft

Die einzige in der Kapuzinergruft beigesetzte Nicht-Katholikin ist Erzherzogin Henriette von Nassau-Weilburg (1797–1829). Die Tochter von Herzog Friedrich Wilhelm von Nassau-Weilburg und Burggräfin Luise von Kirchberg war mit dem um 26 Jahre älteren Erzherzog Karl verheiratet und war dennoch nicht zum katholischen Glauben übergetreten – die erste „Mischehe" des Kaiserhauses. Es war eine glückliche, kinderreiche Ehe.
Henriette war es auch, die den Brauch, zu Weihnachten einen Weihnachtsbaum aufzustellen, in Wien einführte. Nach ihrem Tod im Alter von 31 Jahren wurde sie gegen den Widerstand der Kapuziner auf Anordnung von Kaiser Franz II. (I.) in der Familiengruft beigesetzt. Da ihre Herz- und Intestina-Urne neben ihr steht, dürften sich zumindest die Patres in der Augustiner- und Stephanskirche erfolgreich gegen die Beisetzung der protestantischen Habsburgerin gewehrt haben.

## Liebe Grüsse, Adolf

Als Geste der faschistischen Regierung Frankreichs gegenüber ließ Adolf Hitler den Sarkophag des Herzogs von Reichstadt aus der Kapuzinergruft holen und nach Paris überstellen. Der Grund: Dieser Franz war zwar der Sohn einer österreichischen Erzherzogin (Marie Louises, der ältesten Tochter von Kaiser Franz), aber vor allem war er der einzige offizielle Sohn von Napoleon, dem (selbst gekrönten) Kaiser der Franzosen. 1811 geboren und gleich nach seiner Geburt vom kaiserlichen Vater mit dem Titel „König von Rom" versehen, lautete sein Name eigentlich „Napoleon François Joseph Charles". Obwohl er (als Erwachsener) nie in Frankreich war und sich auch nie politisch betätigen konnte, wird er offiziell auch als Napoleon II. geführt.

Nach der Verbannung seines Vaters kam François mit seiner Mutter nach Wien. Hier wurde aus dem Kleinen ein „Franz", und nachdem sich seine Mutter mit einem neuen Mann außer Landes begeben hatte, wurde er von seinem Großvater als österreichischer Adeliger erzogen. Statt Erzherzog wurde ihm der unauffällige Titel Herzog von Reichstadt verliehen. Napoleon, der Marie Louise wirklich geliebt und sogar Anweisungen gegeben hatte, bei der Geburt seines Sohnes im Zweifelsfall die Mutter und nicht das Kind zu retten, hätte das nicht gerne gesehen. Er hatte schon früher notiert, für den Fall seines Scheiterns: „Ich wollte lieber, dass man meinen Sohn erwürgte, als ihn jemals in Wien als österreichischen Prinzen zu sehen." Franz Napoleon starb 1832 mit 21 Jahren – er hatte seit seinem 15. Lebensjahr an Tuberkulose gelitten, Wien aber aus politischen Gründen nie verlassen dürfen.

Seine eher traurige Existenz wurde nur dadurch erhellt, dass er als Liebling der Frauen galt. Ihm werden zahlreiche Affären nachgesagt – die prominenteste darunter sogar mit der Frau des Kaiser-Bruders Franz Karl, Erzherzogin Sophie (der späteren Schwiegermutter von Kaiserin Elisabeth), mit der er offiziell Bälle und Konzerte besuchte. Das führt bis heute zu Spekulationen, ob Kaiser Franz Joseph, zumindest aber sein Bruder Maximilian (von Mexiko) nicht vielleicht Söhne des Herzogs – und damit Enkel von Napoleon – gewesen sein könnten. Nach seinem Tod war sein Kopf übrigens fast kahl – ihm wurden praktisch alle Haare abgeschnitten, um als Andenken ausgeteilt zu werden. Der Herzog wurde jedenfalls in der Kapuzinergruft beigesetzt und landete schließlich hundert Jahre, nachdem Napoleons Leiche von St. Helena in den Invalidendom überführt worden war, neben seinem Vater. Dort blieb er längere Zeit direkt neben Napoleon in der Krypta, wurde aber später in die Unterkirche transferiert.

Da die Nazis sich aber mit den Begräbnisritualen der Habsburger nicht so gut ausgekannt haben dürften, ruht das Herz Napoleons II. noch immer in der Augustinerkirche.

## Wiener Titelwalzer

Die „Unsitte", verdienstvolle Bürger recht häufig in den Adelsstand zu versetzen, brachte Kaiser Franz Joseph auch den Beinamen „Sehadler" ein.
Es hieß: „Wenn er jemanden sieht, adelt er ihn".
Wiener Scherzbolde regten deswegen auch die Gründung eines „Vereins gegen die zunehmende Veradelung des Volkes" an.

## Sexualaufklärung, habsburgisch

Die zum Teil inoffzielle, aber stets eingehaltene Sexualerziehung der jungen Erzherzöge erfolgte folgendermaßen:
– Blumen, Bienen und Schmetterlinge werden erklärt.
– In Fischzuchtanstalten gibt es den ersten Anschauungsunterricht.
– Das Oberhofmeisteramt sucht geeignete Damen für praktische Übungen des theoretischen Wissens aus.
Die Damen wurden sorgfältig ärztlich untersucht und folgerichtig auch als „hygienische Frauen" bezeichnet.
Charme, Umwerben und romantische Liebe waren nicht Teil des Erziehungsprogramms.

## Amtsdeutsch

Das strenge Hofzeremoniell unterschied auch in den kleinsten Details peinlich genau den jeweiligen Stand der beschickten, beschriebenen oder angesprochenen Personen und machte dabei auch nicht vor Reflexivpronomen halt.
So wurde für den Ablauf einer Feierlichkeit unter anderem schriftlich festgehalten:
„… worauf die Allerhöchsten, höchsten und hohen Herrschaften sowie die übrigen Gäste Allerhöchst-, höchst-, hoch sich und sich in den Zeremoniensaale begeben."

## Verbotener Adel

Das Gesetz, ein Gesetz im Verfassungsrang, vom 3. April 1919 über die Aufhebung des Adels untersagt im § 1:

1. das Recht zur Führung des Adelszeichens „von";
2. das Recht zur Führung von Prädikaten, zu welchen neben den zugestandenen, die Familien unterscheidenden Adelsprädikaten im engeren Sinne auch das Ehrenwort Edler sowie die Prädikate Erlaucht, Durchlaucht und Hoheit gezählt wurden;
3. das Recht zur Führung hergebrachter Wappennamen und adeliger Beinamen;
4. das Recht zur Führung der adeligen Standesbezeichnungen, wie z. B. Ritter, Freiherr, Graf und Fürst, dann des Würdetitels Herzog sowie anderer einschlägiger in- und ausländischer Standesbezeichnungen;
5. das Recht zur Führung von Familienwappen, insbesondere auch der fälschlich „bürgerlich" genannten Wappen, sowie das Recht zur Führung gewisser ausländischer, an sich nicht immer mit einem Adelsvorzuge verbundener Titel, wie z. B. Conte, Conta Palatino, Marchese, Marchio Romanus, Comes Romanus, Baro Romanus etc., selbst wenn es nichtadeligen Familien zukam.

Und im § 3 heißt es:

Folgende Titel und Würden werden als aufgehoben erklärt: die Würde eines Geheimen Rates, der Titel und die Vorrechte einer Geheimen Ratsfrau, die Würde eines Kämmerers und eines Truchsessen, die Würde einer Palastdame, die Anredeform „Exzellenz", der Titel eines kaiserlichen Rates, ferner alle mit nicht mehr bestehenden Hof-, Lehens- und landesständischen Einrichtungen verbunden gewesenen Titel, insbesondere die Titel der Landeserbämter und der Landeserzämter, die sonstigen Würdelehenstitel und die aus der Verbindung mit den vorangesetzten Worten „Hof", „Kammer" oder „Hof- und Kammer" gebildeten, nicht mit einer amtlichen Stellung im Zusammenhange stehenden Titel.

## HABSBURGER, HERZLICH

Die in der Herzgruft der Augustinerkirche aufbewahrten Herzbecher beinhalten die Herzen folgender Habsburger (von links nach rechts und von oben nach unten):

1 Kaiserin Anna
2 Kaiser Matthias
3 Kaiser Ferdinand II.
4 König Ferdinand IV.
5 Erzherzog Leopold Wilhelm
6 Kaiserin Margarita Teresa
7 Kaiserin Eleonora
8 Erzherzogin Maria Antonia
9 Erzherzogin Maria Theresia
10 Erzherzogin Maria Josepha
11 Kaiser Leopold I.
12 Kaiser Joseph I.
13 Kaiser Karl VI.
14 Erzherzogin Maria Elisabeth
15 Erzherzogin Maria Anna
16 Unbenannte Tochter von Erzherzogin Maria Anna
17 Kaiserin Elisabeth Christina
18 Erzherzog Karl Joseph
19 Erzherzogin Johanna Gabriela
20 Kaiser Franz I. Stephan
21 Kaiserin Maria Theresia
22 Erzherzogin Luise Elisabeth
23 Kaiser Leopold II.
24 Kaiserin Maria Ludovika
25 Erzherzogin Karolina Leopoldine
26 Erzherzog Alexander Leopold
27 Erzherzogin Maria Amalia
28 Erzherzogin Maria Christina
29 Erzherzogin Karoline Ludovika
30 Fürsterzbischof Maximilian Franz
31 Erzherzogin Karolina Ferdinanda
32 Großherzogin Maria Louisa
33 Erzherzog Ferdinand Karl Anton
34 Kaiserin Maria Theresia Karolina
35 Erzherzog Joseph Franz
36 Erzherzog Johann Nepomuk Karl
37 Königin Maria Karolina
38 Kaiserin Maria Ludovica

39 Herzog Albert von Sachsen-Teschen
40 Erzherzog Rudolph Franz
41 Franz Joseph Karl, Herzog von Reichstadt
42 Kaiser Franz II./I.
43 Erzherzog Anton Viktor
44 Erzherzog Karl, „Sieger von Aspern"
45 Erzherzog Ferdinand Karl
46 Erzherzog Franz Joseph
47 Erzherzogin Maria Anna
48 Erzherzogin Hildegard
49 Erzherzog Ludwig Joseph
50 Erzherzogin Maria Anna von Sachsen
51 Erzherzogin Mathilde
52 Kaiser Ferdinand I.
53 Erzherzog Franz Karl
54 Erzherzogin Maria Amalia

Die letzte Trennung der Organe wurde bei Franz Karl, dem Vater von Franz Joseph, durchgeführt. Und das immerhin noch im Jahr 1878.

## Habsburger, gezeichnet – heimisch

Von 1985 bis 2001 lief – mit Unterbrechungen – in der österreichischen Wochenzeitschrift *Die Ganze Woche* eine tagespolitische Comic-Strip-Serie namens *Franz Joseph und Kathi*. In der von Alfred Heinrich getexteten und von Heinz Wolf in hoher Qualität gezeichneten Serie spazierten der alte Kaiser und seine Gefährtin durch das heutige Österreich und kommentierten dabei aktuelle politische oder gesellschaftliche Verhältnisse. Der von Heinz Wolf in originellen Karikaturen gestaltete Strip verwendete auch immer wieder andere wichtige Personen der Zeit als Gäste und war sehr beliebt. Insgesamt erschienen etwa 700 Folgen, recht erstaunlich für österreichische Comic-Verhältnisse.

Dabei war die Serie eigentlich eine Verlegenheitslösung. Ursprünglich startete er als *Helmut und Dagi* und hatte das damalige Bürgermeisterehepaar als Protagonisten. Da sich diese dadurch aber nicht so besonders geschmeichelt fühlten, wurde der Strip ins Monarchistische verlegt. Ganz zum Schluss wurde er kurzzeitig noch einmal – diesmal in *Thommy und Margot* (Bundespräsident Klestil und seine zweite Frau) – umgewandelt.

## Wo i geh' und Orchidee ...

Das Erzherzog-Johann-Kohlröschen *(Nigritella archiducis-joannis)* ist eine eigene Art innerhalb der Familie der Orchideen (Gattung der Kohlröschen) und die seltenste Kohlröschenart im zentralen und östlichen Alpengebiet. Eigentlich kommt es überhaupt nur im Toten Gebirge vor. Es ist vor allem aus der Ferne leicht mit Klee zu verwechseln: Seine Blütenfarbe ist leuchtend dunkel- bis hellrosa und es erinnert wegen seines (kugeligen) Blütenstandes eher an Klee. Auch öffnet die Blüte sich fast nie, sondern bleibt – für Orchideen eher untypisch – (röhrig) geschlossen.

Das Erzherzog-Johann-Kohlröschen blüht vor allem von Mitte Juli bis Anfang August und wächst nur auf kalkhaltigem Untergrund, vor allem auf südexponierten Böden (in 1800 bis 2000 m Seehöhe). In seiner Nähe wachsen oft auch andere Kohlröschen – wie etwa das Rote Kohlröschen oder *Nigritella widderi* und *Nigritella rhellicani*. Benannt wurde es zu Ehren von Erzherzog Johann eingedenk seiner bekannten Leidenschaft für das Bergsteigen.

## HABSBURG, HORIZONTAL

In früheren Zeiten durchaus geduldet, hatten es „unzüchtige Weibspersonen" ab etwa dem Beginn des 16. Jahrhunderts in Österreich immer schwerer:

- Zuerst verbot Kaiser Maximilian I. die Prostitution explizit.
- Dann richtete Kaiser Ferdinand 1560 eine „geheime Keuschheitskommission" ein, die vor allem die in einem Verzeichnis gesammelten „etlichen verdächtigen und leichtfertigen Örter" in Wien überwachte. Die Strafen für die Prostituierten, aber auch für ihre Kunden waren hart und konnten bis zur Exekution führen.
- Andere Strafen des 17. Jahrhunderts waren neben hohen Geldsummen das Auspeitschen und das öffentliche Anprangern in einem so genannten „Narrenkötterl".
- 1633 erließ Kaiser Ferdinand II. eine Verordnung über „Tugendsambe Lebensführung". Strafen beinhalteten unter anderem das Abschneiden eines Ohres.
- Kaiserin Maria Theresia setzte die Keuschheitskommission fort und erließ die „Constitutio Criminalis Theresiana". Bei Diebstahl oder Ansteckung des Kunden mit Syphilis wurden den verurteilten Frauen die Haare abgeschnitten und der Schädel geteert, bevor sie – meist vor einer Kirche – ausgepeitscht wurden.
- Weiters wurden „Incorrigible Weibspersonen" in Zucht- oder Spinnhäuser gesteckt oder mit anderen Kriminellen und Protestanten in den Banat deportiert.

Die Unerbittlichkeit der Kaiserin soll unter anderem auch auf ihren Groll gegen die Seitensprünge ihres Mannes zurückzuführen gewesen sein.

Über diese Zeit schrieb auch Giacomo Casanova in seinen Erinnerungen:

*Wegen der Bigotterie der Kaiserin war es außerordentlich schwer, besonders für Fremde, sich Freuden zu schaffen. Schändliche Spione, die man mit dem schönen Namen Keuschheitskommissäre schmückte, waren die unerbittlichen Quälgeister aller hübschen Mädchen; die Kaiserin hatte alle Tugenden, nicht aber die Duldsamkeit, wenn es sich um unerlaubte Liebe zwischen Mann und Frau handelte.*

Casanova blieb nicht lange in Wien.

Immerhin gab es für „reumütige" Aussteigerinnen das so genannte „Büßerinnenhaus". Allerdings wurde dieses nach nur fünf Jahren mangels ausreichender reumütiger Sünderinnen wieder geschlossen.

## „Sissi" – Teil 4

Nach dem umwerfenden Erfolg der drei „Sissi"-Filme (1955–57) von Ernst Marischka wandte sich Hauptdarstellerin Romy Schneider anderen Projekten zu, um nicht ewig mit der Rolle identifiziert zu werden. Was ihr damals nur schwer – und bis heute auch nur teilweise – gelungen ist. Daher lehnte sie auch eine Anfrage Marischkas für einen möglichen vierten Teil der „Sissi"-Filme ab, in dem sich der Regisseur nach diesen hauptsächlich süßlichen Romanzen auch mit den tragischeren und ernsteren Themen rund um die Kaiserin beschäftigen wollte. Obwohl man ihr damals sogar eine Million Deutsche Mark in bar auf den Tisch gelegt haben soll, um sie umzustimmen.
Dennoch sollte Romy Schneider die Rolle der Elisabeth noch einmal spielen – und zwar in *Ludwig II.* (1972) von Luchino Visconti mit Helmut Berger in der Titelrolle. Freilich sind sowohl dieser Film selbst als auch die Darstellung der Kaiserin durch Romy Schneider meilenweit vom „Sissi"-Klischee der frühen Streifen entfernt.

## … ein Reich,
### in dem die Sonne nie untergeht

In seiner größten Ausdehnung umfasste das Reich der Habsburger unter Karl V. neben Österreich u. a. folgende Gebiete:

| | |
|---|---|
| die Antillen | Mexiko |
| Burgund | Neapel |
| Chile | Niederlande |
| Haiti | die Nordafrikanische Küste |
| Jamaika | (Brückenköpfe von Marokko bis Tunis) |
| Kalifornien | Peru |
| die Kanarischen Inseln | die Philippinen |
| die Karolinen | Sizilien |
| Kuba | Spanien |
| die Ladronen | Venezuela |

Karl V. selbst galt als nicht sehr aktiv und zeitlebens als Vielfraß unermesslichen Ausmaßes. Er liebte Köstlichkeiten von allen Teilen seines Reiches, was ihm unter anderem Gicht und Zuckerkrankheit einbrachte.
Gestorben ist er aber vermutlich an der Malaria.
Am Ende seines Lebens zählte er in einem Rechenschaftsbericht auf: „Ich war neunmal in Deutschland, sechsmal in Spanien, siebenmal in Italien, viermal in Frankreich … Ich war zweimal in England und zwei-

mal in Afrika … Achtmal hab ich das Mittelmeer durchquert, dreimal den Ozean und bald wird es das vierte Mal sein, wenn ich nach Spanien gehe, um mir mein Grab zu suchen."

## Mozart und die Habsburger

Die Beziehungen zwischen den habsburgischen Herrschern und dem größten Musik-Genie seiner Zeit, Wolfgang Amadeus Mozart, der ja auch große Teile seines Lebens in der Kaiserstadt verbrachte, waren vielfältig, intensiv und auch anekdotenreich. Sie würden ein Buch oder mehrere füllen, beziehungsweise haben das bereits getan.
Daher nur zwei kurze Zitate zur doch leicht unterschiedlichen Sichtweise zweier Habsburger Herrscher zu „Wolferl" – der übrigens nach einer Ordensverleihung durch den Papst sogar ein „Ritter von Mozart" war.

Mozart äußerte 1771 den Wunsch, für eine Weile am Florentiner oder Mailänder Hof, wo zu dieser Zeit Habsburger Erzherzöge herrschten, angestellt zu werden und fragte diesbezüglich bei Maria Theresia an. Diese war jedoch dagegen und schrieb ihrem Sohn Erzherzog Ferdinand nach Mailand, dass sie nicht glaube, „daß Sie einen Komponisten oder unnütze Leute nötig haben".

Anders ein anderer Sohn der Kaiserin, der spätere Kaiser Joseph II., der Mozart stets schätzte und förderte. 1790, kurz vor dessen Tod, als Mozarts *Don Giovanni* in Wien nicht nur auf Zustimmung stieß, meinte der Kaiser zu ihm: „Das Werk ist göttlich, aber kein Bissen für meine Wiener." Mozart soll darauf geantwortet haben: „Lasst ihnen nur Zeit, ihn zu kauen!"

## Bambis Lipizzaner

Felix Salten, Autor der „Bambi"- (und wohl auch „Mutzenbacher"-) Bücher, verfasste auch andere Tiergeschichten. Unter anderem eine „kaiserliche": *Florian – Das Pferd des Kaisers* entstand 1933 und handelte von einem Lipizzaner aus dem ehemaligem Hofdienst. Wie auch in *Kaiser Max, der letzte Ritter* (1913), *Prinz Eugen* (1915) und *Das österreichische Antlitz* (1919) zeigt sich in Saltens Pferde-Roman seine Verbundenheit mit dem österreichischen Kaiserhaus.

## Einige habsburgische Verkehrsflächen in Österreich

**Wien:**
- Elisabethallee
- Elisabethstraße
- Elisabeth-Petznek-Gasse
- Ferdinandstraße
- Franzensbrückenstraße
- Franzensgasse
- Franz-Josefs-Kai
- Friedrichsstraße
- Habsburgergasse
- Josefsgasse
- Josefsplatz
- Kaiserallee
- Kaiser-Franz-Josef-Straße
- Karlsgasse
- Karlsplatz
- Leopoldsgasse
- Maria-Theresien-Platz
- Maria-Theresien-Straße
- Maxingstraße
- Rudolfsplatz
- Sofienalpenstraße Joseph
- Kaisergartengasse

**Innsbruck:**
- Claudiaplatz
- Claudiastraße
- Elisabethstraße
- Eugenpromenade
- Fürstenweg
- Herzog-Friedrich-Straße
- Kaiser-Franz-Joseph-Straße
- Kaiser-Josef-Straße
- Leopoldstraße
- Maria-Theresien-Straße
- Maximilianstraße

**Graz:**
- Albrechtgasse
- Elisabethstraße
- Kaiser-Franz-Josef-Kai
- Kaiser-Josef-Platz
- Maria-Theresia-Allee
- Rudolfstraße

**Salzburg:**
- Elisabethkai
- Elisabethstraße
- Franz-Josef-Kai
- Franz-Josef-Straße
- Rudolfskai
- Rudolfsplatz

**Klagenfurt:**
- Elisabethpromenade
- Karlsweg
- Maria-Theresia-Park
- Maximilianstraße
- Rudolfsbahngürtel

**St. Pölten:**
- Franz-Josef-Promenade
- Josefstraße
- Maria-Theresia-Straße
- Maximilianstraße

**Linz:**
- Friedrichstraße
- Maximilianweg
- Rudolfstraße

BREGENZ:
    Kaiser-Josef-Straße                 Kaiserstraße

EISENSTADT:
    Kaiserallee

BAD ISCHL:
    Kaiser-Franz-Josef-Straße       Maria-Theresien-Weg
    Katharina-Schratt-Straße        Marie-Louisen-Straße

ERZHERZÖGE, LANDAUF, LANDAB
*Bad Aussee*, Erzherzog-Johann-Promenade
*Bad Gastein*, Erzherzog-Johann-Promenade
*Baden*, Erzherzog-Rainer-Ring
*Baden*, Erzherzog-Wilhelm-Ring
*Baden*, Erzherzogin-Isabelle-Straße
*Deutsch-Wagram*, Erzherzog-Carl-Straße
*Ehrenhausen*, Erzherzog-Johann-Promenade
*Fernitz*, Erzherzog-Johann-Platz
*Gamlitz*, Erzherzog-Johann-Weg
*Gleisdorf*, Erzherzog-Johann-Gasse
*Graz*, Erzherzog-Johann-Allee
*Graz*, Erzherzog-Johann-Straße
*Groß-Enzersdorf*, Erzherzog-Karl-Gasse
*Haus*, Erzherzog-Johann-Straße
*Innsbruck*, Erzherzog-Eugen-Straße
*Klagenfurt*, Erzherzog-Johann-Park
*Klosterneuburg*, Erzherzog-Rainer-Gasse
*Krieglach*, Erzherzog-Johann-Straße
*Langenwang*, Erzherzog-Johann-Straße
*Lannach*, Erzherzog-Johann-Weg
*Leoben*, Erzherzog-Johann-Straße
*Lieboch*, Erzherzog-Johann-Straße
*Mariazell*, Erzherzog-Johann-Weg
*Mehrnbach*, Erzherzog-Albrecht-Weg
*Murau*, Erzherzog-Johann-Straße
*Oberwölz Stadt*, Erzherzog-Johann-Siedlung
*Salzburg*, Erzherzog-Eugen-Straße
*Sankt Lorenzen im Mürztal*, Erzherzog-Johann-Weg
*Scheifling*, Erzherzog-Johann-Weg
*Seiersberg*, Erzherzog-Johann-Straße
*Stainz*, Erzherzog-Johann-Straße
*Voitsberg*, Erzherzog-Johann-Straße
*Weißkirchen in Steiermark*, Erzherzog-Johann-Gasse
*Wien*, Erzherzog-Johann-Platz
*Wien*, Erzherzog-Karl-Straße

## Stichwort: Kronprinz Rudolf

- Geboren am 21. 8. 1858 in Laxenburg.
- Rudolf, der zeitlebens nicht viel mit dem Militär anfangen konnte, erhielt bereits bei seiner Geburt den Titel „Inhaber des Infanterie-Regiments Nr. 19" und war damit schon als Neugeborener Offizier.
- Das sensible Kind wurde von seinem ersten Erzieher schwer gequält und nur durch ein Ultimatum seiner Mutter befreit. Allerdings die einzige größere Tat, die Elisabeth je für ihn vollbrachte.
- Er war vielfältig gebildet, konnte seinen Vater aber nur mit Jagdergebnissen beeindrucken. Obwohl er schon im Alter von 9 Jahren einen Hirsch schoss, hasste er die Jagd und benutzte sie nur für seine wissenschaftlichen Forschungen.
- Im Alter von 12 verfasste er einen 100-seitigen Aufsatz zum Thema „Adlerjagd" – der Grundstein seiner ornithologischen Leidenschaft.
- Als begeisterter Naturwissenschaftler und begabter Vogelkundler verfasste er unter anderem das Buch *Fünfzehn Tage auf der Donau*, das auch in seriösen wissenschaftlichen Kreisen viel Anerkennung fand.
- Auch einige Einträge in *Brehms Tierleben* stammen von ihm.
- Das Wiener Krankenhaus *Rudolfstiftung* wurde anlässlich seiner Geburt errichtet und nach ihm benannt. Seine Bemühungen um die moderne Wissenschaft führten später zur Gründung des damals nach neuesten Erkenntnissen errichteten und geführten Rudolfinerhauses.
- Obwohl er seiner Mutter in vielem ähnlich war, hegte er doch auch literarische, historische und philosophische Interessen, lehnte die Monarchie ab und schätzte Heine (was ihm und seiner Mutter im antisemitischen Wien den Beinamen „Judenknechte" eintrug), gelang ihm nie ein wirklicher Kontakt zu ihr.
- Seine Ehe war eher eine Farce – aber immerhin war er, damals völlig unüblich, bei der Geburt seiner einzigen Tochter durchgehend anwesend.
- Sein inkognito verfasstes Pamphlet *Der österreichische Adel und sein constitutioneller Beruf* war DER Skandal des Jahres 1878.
- Ab 1881 verfasste er unter Pseudonym für das *Neue Wiener Tagblatt* antiklerikale und antimonarchistische Leitartikel, die vom Herausgeber oft sogar ob ihrer Radikalität vorzensiert werden mussten.

- Mit dem liberalen deutschen Kaiser Friedrich III. (nicht zu verwechseln mit dem Habsburgerkaiser gleichen Namens) verband ihn die Vision eines modernen (demokratisch) vereinten Europas. Als dieser starb und Rudolfs konservativer Intimfeind Wilhelm II. 1888 an die Macht kam, verlor er die letzte Hoffnung auf eine politische Veränderung. Rudolf klagte seinem späteren liberalen Erzieher Latour: „Ich sehe die schiefe Ebene, auf der wir abwärtsgleiten ... kann aber in keiner Weise etwas thun."
- Da er nicht viel ändern oder erreichen konnte, gab er sich – durch manche Hofkreise bestärkt – Alkohol, Drogen und Liebesabenteuern hin, was seiner schwachen Konstitution sehr schadete und ihm auch eine Geschlechtskrankheit – vermutlich Gonorrhö – einbrachte.
- Seine vorletzte Geliebte, die 23-jährige Grazerin Mizzi Caspar, gab bei einer der häufigen Einvernahmen zu Protokoll: „(Er) war impotent u. nur dann zum Coitus fähig, wenn er Champagner getrunken hatte."
- Mit ihr wollte er auch in den Tod gehen. Da sie dies jedoch ablehnte, plante er die Tat mit einem seiner „Groupies", der 17-jährigen Baronesse Mary Vetsera, mit der er zuvor eine kurze leidenschaftliche Affäre hatte.
- Mizzi Caspar meldete die Selbstmordabsichten sogar der Polizei, von dieser wurde aber – vermutlich aus politischen Gründen – nichts dagegen unternommen.
- Am 30. Jänner 1889 erschießt Rudolf in Mayerling seine Geliebte Mary und danach sich selbst und ist somit der einzige (offiziell) bekannte Mörder-Selbstmörder der Familie.
- Ein paar Tage vor seinem Tod besuchte er noch einmal das Atelier seiner bevorzugten Tierpräparatoren, wies aber über die neuesten Stücke an: „Lassen Sie alles hier. Ich bin heute nur gekommen, um meine Adler noch einmal beisamman zu sehen."
- Rudolf wird für den Zeitpunkt der Tat als geisteskrank erklärt, damit er kirchlich beigesetzt werden kann.
- Nach seinem Tod durfte das Burgtheater längere Zeit keine Stücke spielen, in denen Selbstmorde vorkamen. Auch *Hamlet* (Einleitung der Totengräberszene) wurde diesbezüglich gekürzt.

## Schneckenklee

Der *Medicago archiducis-nicolai*, später unbenannt in *Melilotoides archiducis-nicolai* und zu finden auch als *Trigonella archiducis-nicolai* ist eine botanische Art in der Gattung Medicago (Schneckenklee) oder Melilotoides, beide zugehörig zu der Familie der Schmetterlingsblütler.
Wie die Pflanze zu ihrem fürstlichen Namen „Erzherzog Nicolai" kam, ist nicht ganz sicher, schlüssig scheint aber die Vermutung, dass die originale Benennung des Entdeckers (Grigorj Ivanovich Sirjaev) nach einem russischen Adeligen erfolgte und der Entdecker der Pflanze den im Lateinischen nicht vorhandenen russischen Titel (vielleicht „Großfürst") einfach mit dem existierenden lateinischen, exklusiv habsburgischen Titel „Archidux" übersetzt hat.

## Resl und der arabische Dollar

Die – Bücher füllende – Geschichte des silbernen Maria-Theresien-Talers gehört zu den sonderbarsten, aber auch interessantesten der Münzgeschichte überhaupt. Hier nur ein kurzer Überblick:
Ab 1741 wurden die ersten Maria-Theresien-Taler geprägt, damals noch mit einem Jugendbildnis der Kaiserin. Gültiges Zahlungsmittel in Europa wurden sie aber erst 1751 und blieben es bis 1858. Nach einigen optischen Veränderungen wurde der Taler nach dem Tod von Maria Theresia 1780 nur mehr mit einem Altersbildnis der Kaiserin mit kleinem Trauerschleier und ebendieser Jahreszahl geprägt.
Schon zuvor hatte der Taler begonnen ein „Eigenleben" zu führen, das bis heute andauert. Er wurde wegen seines konstant gleichen Silbergehalts (damals nicht bei allen Münzen garantiert), seiner künstlerischen Gestaltung und seiner Randbeschriftung, die das (damals übliche) unrechtmäßige Abfeilen oder Beschneiden verhinderte, bald als internationales Zahlungsmittel sehr beliebt. Und das vor allem in Südosteuropa, im Nahen Osten (der Levante, deswegen ist er auch als „Levantiner-" oder „Levantetaler" bekannt) und sogar in Afrika. Gerade hier gab es Gegenden, in denen der Maria-Theresien-Taler zeitweise das einzige allgemein anerkannte Zahlungsmittel war. Bis ins 20. Jahrhundert hinein wurde er in Teilen Afrikas (hier vor allem Abessinien) und Asiens bis in den Raum Indiens akzeptiert.
Er hat auch eine Reihe von regionalen Namen:

| | |
|---|---|
| Abu Teir, Abu Kush = | Vater des Vogels |
| | (nach dem Doppeladler der Rückseite) |
| Abu Noukte = | Vater der Perlen |
| | (nach dem Diadem der Kaiserin) |
| Abu Gnuchtu = | Vater der Zufriedenheit |

Reali Moesi =    schwarzer Taler
Rial Kebir =     großer Taler
Rial Namsawi =   österreichischer Taler

Sein Wert war regional unterschiedlich, in der Gegend des Tschadsees war er 4.000 Kaurimuscheln wert und man bekam für ca. 4 Maria-Theresien-Taler eine Milchkuh, für ca. 20 ein Pferd und für ca. 13 einen Sklaven. In Europa wurde der Taler im Laufe der Jahrhunderte und aufgrund diverser politischer Ereignisse unter anderem in Österreich, Deutschland, Tschechien, Rumänien, Italien, England, Belgien, Frankreich, Holland, Schweden und der Schweiz geprägt – zeitweise sogar in Bombay, Indien. Dabei entstanden 100–150 deutlich unterscheidbare Varianten (etwa die Anzahl der Schwanzfedern des Doppeladlers, verschiedene Broschen der Kaiserin) sowie unzählige weitere Variationen. Seit 1945 wird er wieder in Wien hergestellt, bislang ca. 49 Millionen Mal. Die weltweite Gesamtauflage zwischen 1751 und 2000 wird auf 390 Millionen geschätzt.
Der Maria-Theresien-Taler wurde und wird auch immer wieder gerne in Schmuckstücke oder Gebrauchsgegenstände eingearbeitet, im Orient trägt man ihn etwa in Kettenform oder als schleierartiges Kopfgehänge für reiche Frauen.

*1768*          *1773*

DIE TECHNISCHEN DATEN LAUTEN:
*Durchmesser:* 39,5 mm
*Dicke:* 2,5 mm
*Gewicht:* 28,0668 g (Toleranz: plus/minus 0,07 g)
*Feingewicht Silber:* 23,389 g (ursprünglich 13 Loth und 6 Grän; das ist 833/1000, Toleranz 3/1000)
*Genaue Bestandteile:* 833 1/3 Silber, 166 2/3 Kupfer

Übrigens: Das Wort „Dollar" ist ursprünglich nur die englische Variante des deutschen Wortes „Taler", und der geht auf zwei österreichische Münzen aus Tirol bzw. im heutigen Tschechien zurück.

## Habsburger, kirchlich

Einige Habsburger in wichtigen kirchlichen Positionen (* selig):

*Albrecht IV: (1377–1404):* Klosterbruder bei den Kartäusern in Mauerbach, seine Reise ins Hl. Land wird das „Weltwunder" *(mirabilis mundi)* genannt.

*Eleonore (1638–1686):* Gründerin des Ordens „Sklavinnen der Tugend" und des „Sternkreuzordens", Stifterin mehrerer Klöster.

*(\*) Karl I, Kaiser (1887–1922):* Wurde 2004 in Rom selig gesprochen.

*Margarethe (1567–1633):* Zog es vor, Nonne in Madrid statt Königin von Spanien zu werden, und nannte sich fortan „Sor Margarita de la Cruz".

## Bad Ischler Wunder

Da Kaiser Ferdinand I. impotent oder zumindest zeugungsunfähig war, musste sein Bruder Franz Karl mit seiner Frau Sophie für geeignete Thronfolger sorgen. Anfangs gab es jedoch nur Fehlgeburten. Bad Ischl und seine angeblich Empfängnis fördernden Quellen wurden zu Kurzwecken besucht.
Und siehe da: Nach sechs Jahren ohne Kinder kamen ein Erzherzog (sowie eine Erzherzogin) nach dem anderen auf die Welt: 1830 Franz Joseph, Ferdinand Maximilian 1832, Karl Ludwig 1833, Maria Anna 1835 und 1842 Ludwig Viktor.
Offenbar durch die Segnungen des Salzkammergutes in diese Welt befördert, wurden die Söhne des Paares auch „Salzprinzen" genannt.
Ob in dem einen oder anderen Fall vielleicht auch ein gewisser Herzog von Reichstadt nachgeholfen hat ist ein hartnäckiges Gerücht, das aber nie bewiesen werden konnte.

## Österreichs „einzige Kolonie"?
## Teil 4

Abgesehen von den bereits erwähnten überseeischen Besitztümern und dem Franz-Josephs-Land kann man noch einige andere Weltgegenden als „österreichische Kolonien" bezeichnen. Nämlich solche, in die – mehr oder weniger freiwillige – Exilanten geschickt wurden.
Dazu gehörten einerseits die Protestanten, die unter Maria Theresia

zwar nicht wie unter einigen ihrer Vorgänger einfach vertrieben (sogar noch 1731 wurden 22.000 Protestanten aus dem Pongau und Pinzgau großteils nach Ostpreußen abgeschoben), aber immerhin zwangsumgesiedelt wurden.

Im Rahmen der so genannten drei „Schwabenzüge" siedelten sich viele deutschsprachige Bürger im Banat, einer sumpfigen Grenzregion des Reiches, an. Diese drei Züge, der erste noch unter Karl VI. („karolinischer Schwabenzug") sowie der „theresianische" und der „josephinische Schwabenzug", bestanden aus Freiwilligen, die mit vielen Vergünstigungen gelockt wurden – die Ahnen der so genannten „Donauschwaben". Unter Maria Theresia wurden allerdings auch Protestanten – rund 1200 aus Oberösterreich (Salzkammergut) – unfreiwillig nach Siebenbürgen und ins Banat verschickt, die so genannten „Landler".

Andererseits wurden durch die Tätigkeit von Maria Theresias Keuschheitskommission die Siedler um Hunderte einschlägige Damen erweitert. Diese mussten damit rechnen, mit den so genannten „Temesvarer Wasserschüben" ins Banat verfrachtet zu werden, wenn sie ihren alleinigen Aufenthalt auf der Straße nicht ausreichend erklären konnten –, oder einen Rosenkranz bei sich tragen (weswegen der Verkauf der Rosenkränze zu dieser Zeit boomte …).

Ein weiteres Kapitel österreichischer „Kolonialgeschichte" war die Auswanderung nach Brasilien. Leopoldine, Erzherzogin von Österreich (1797–1826), war die erste Kaiserin von Brasilien, weshalb die Flagge Brasiliens neben dem portugiesischen Königsgrün auch heute noch das österreichische Kaisergelb beinhaltet.

Ab dem Jahr 1824 rief die Kaiserin – vor allem deutschsprachige – Einwanderer dorthin. Zahlreiche Siedlungen entstanden, die bis heute österreichische Namen tragen, noch immer von den Nachkommen der damaligen Auswanderer bewohnt werden und durch Vermischung mit anderen Einwanderern teilweise verzerrte österreichische Traditionen – wie ein Oktoberfest – pflegen.

Einer dieser Orte ist Tres Tilias („Drei Linden"), ein anderer Colonia Tirol (oder Dorf Tirol), in dem immer noch teilweise deutsch gesprochen wird und in dem Tiroler Familiennamen wie Schöpf, Walcher, Siller durchaus noch verbreitet sind. Seit dem Besuch des Tiroler Landeshauptmanns Alois Partl im Oktober 1993 besteht wieder Kontakt zur „alten Heimat", die auch durch Spenden das erste Gästehaus in Dorf Tirol errichtete und damit den Weg zum organisierten Tourismus ebnete.

## Habsburg, gesungen: Bratfisch

### Im grünen Wald von Mayerling – Volksweise
(T. & M.: anonymer Wiener Straßensänger, 1889)

Das letzte Lied für'n Kronprinz Rudolf
hab'n'd Schrammeln ihm gspült,
bei diesem Lied hat er sich einmal noch glücklich gefühlt
Sei Leibfiaker, der Bratfisch,
hat so gut zu ihm g'redt:
„Hoheit, kränken's ihna net …
Hoheit, kränken's ihna net …!
Das dumme Herz macht jedem Sorgen,
ob arm oder reich,
die Lieb' bringt Freud, doch oft auch Leid,
das ist überall gleich.
Ich möcht' nur sag'n, ich bin so frei,
es geht im Leb'n all's vorbei …
für's letzte Lied hab'n wir noch Zeit,
a Ewigkeit …!"

Im grünen Wald von Mayerling
ein schöner Traum zu Ende ging,
zwei Herzen liebten sich so sehr
und schlugen plötzlich nimmermehr.
Das Schicksal hat mit rascher Hand
zerrissen dort der Liebe Band.
Im grünen Wald von Mayerling
ein schöner Traum zu Ende ging.

## HABSBURG, GESUNGEN: UDO JÜRGENS

### MAYERLING – UDO JÜRGENS
(T.: Michael Kunze, M.: Udo Jürgens, 1972, dt. & frz.)

Es gibt Bilder von den beiden,
doch man muß sie nicht beschreiben
und es kommt auch auf die beiden
nicht mehr an.
Die Zeit macht jede Wahrheit
zum Roman.

Zwei, die keinen Ausweg sehen,
die nur lieben, nicht verstehen,
und ihr Glück ist viel zu hart für diese Welt.
Die Geschichte wurde tausendmal erzählt.

*Mayerling,*
*Mayerling,*
*Mayerling,*
*Liebe, stärker als der Tod.*

In Gedichten und in Liedern
trägt die Liebe bunte Flügel.
Doch an jenem Wintertag
ging sie in Grau.
Ob sie lächelte,
das weiß man nicht genau.

Seither wurde viel geschrieben.
Etwas Wahrheit, viele Lügen.
Man versuchte zu erklären,
was geschah.
Man verstand es nicht,
weil es zu einfach war.

*Mayerling ...*

## Auch kein Heiliger

Die meisten Habsburger waren, wenn nicht zufällig impotent, sexuell recht aktiv.

Auch Kaiser Franz Joseph war den Damen nicht abhold – sowohl in seiner Jungend, als auch später, als Kaiserin Elisabeth nur mehr selten und ungern sein Bett teilte. Folgende längere oder intensivere Beziehungen – abgesehen von derjenigen mit der Schauspielerin Katharina Schratt ab 1886, die eigentlich offiziell war und sogar von Elisabeth selbst eingefädelt wurde – sind bekannt:

*Elisabeth Gräfin Ugarte*, Hofdame (1848)
*Katharina Abel*, Ballettänzerin (1850)
*Margit Libényi*, Tänzerin (1852)
*Rosa Moskowitz*, Weißnäherin im Hofdienst (1870)
*Anna Nahowski*, Kaufmannstochter (ab 1875)

Die Tochter von Rosa Moskowitz, Maragarete (Braun), und jene von Anna Nahowski, Helene, sollen, so sagen Gerüchte, Töchter des Kaisers gewesen sein. Letztere wurde später die Frau des Komponisten Alban Berg.

Berühmt wurde auch ein Druckfehler im *Ischler Wochenblatt* nach einer Bergtour des Kaiser auf die „Hohe Schrott". Das Blatt schrieb: „Seine Majestät bestieg gestern in bester Verfassung die Hohe Schratt."

## Doppeladlerautopickerl

Besonders in Wien, aber auch im Rest Österreichs und in anderen Ländern der ehemaligen Donaumonarchie sieht man gelegentlich auffällige Aufkleber am Heck von Autos, die das alte österreichische Staatswappen, den Doppeladler auf gelbem Grund, zeigen.

Obwohl (oder gerade weil) sich dieser Kleber nicht nur auf Luxuswagen, sondern durchaus auch auf der einen oder anderen Rostschüssel befindet, liegt der Verdacht nahe, dass es sich dabei weniger um Aufkleber aus dem Souvenirshop nostalgisch der Monarchie zugetaner Privatpersonen, sondern eher um ein internes Erkennungszeichen gewisser Kreise handelt.

Natürlich kann es sich aber auch – analog zu dem offiziell anerkannten türkisen runden „S.O.S."-Zeichen (bzw. dem stilisierten Fisch), das den Rettern im Falle eines Unfalls den Wunsch des Fahrers signalisiert, dass priesterlicher Beistand erwünscht ist – um den Wunsch des Fahrers handeln, im Falle eines Unfalles in der Kapuzinergruft beigesetzt zu werden.

## RESLS KINDER

Jeder weiß um die „Fruchtbarkeit" und die Heiratspolitik Maria Theresias. Im Detail liest sich das Schicksal jener Kinder, die das Erwachsenenalter erreichten, so:

*Maria Anna (1738–1789)* war durch eine Krankheit leicht entstellt und fiel so für das Heiratskarussell aus. Sie kam nach Klagenfurt und wurde dort als „wohltätige Marianna" bekannt.

*Joseph (1741–1790)* wurde Mitregent und später Kaiser Joseph II.

*Marie Christine (1742–1798)* heiratete Albert von Sachsen-Teschen, den Gründer der „Albertina" in Wien. Die einzige gestattete Liebesheirat.

*Maria Elisabeth (1743–1808)* galt zuerst als das schönste Kind, wurde jedoch durch die Pocken entstellt. Sie wurde dann Äbtissin des adeligen Damenstiftes in Innsbruck und von den Tirolern die „kropferte Liesl" genannt.

*Maria Amalia (1746–1804)* heiratete den Herzog von Parma und brach später mit der Familie.

*Peter Leopold (1747–1792)* wurde zuerst Großherzog der Toskana, später Kaiser Leopold II.

*Maria Karolina (1752–1814)* wurde die Gattin von König Ferdinand von Neapel-Sizilien

*Ferdinand Karl (1754–1806)* heiratete Maria Beatrix von Este-Modena und wurde Generalgouverneur in der Lombardei sowie Begründer der Linie Habsburg-Este.

*Maria Antonia (1755–1793)* heiratete Ludwig XVI. König von Frankreich und wurde mit 38 Jahren hingerichtet.

*Maximilian Franz (1756–1801)* erkrankte an rheumatischer Gelenkentzündung, wurde fast vollständig immobil und war Erzbischof von Köln.

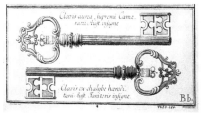

## Bullys „Sissi"

Die durch die TV-Comedy-Serie *Bullyparade* bekannt gewordenen Komiker Michael „Bully" Herbig, Rick Kavanian und Christian Tramitz brillierten in ihrer Sendung vor allem auch durch eine große Anzahl immer wieder in Varianten wiederholter und fortgesetzter Sketch-Serien.

Neben der (schwulen) Star-Trek-Parodie *Unser (T)raumschiff*, literarischen Gesprächen zweier tschechischer Intellektueller („Pavel & Bronko") und den Abenteuern eines (bayerischen) Wild-West-Paares im Stil der Karl-May-Filme („Abahachi und Ranger") war eine der beliebtesten Sketch-Serien des Trios: *Sissi – Wechseljahre eine Kaiserin*. Optisch im Stile der alten „Sissi"-Filme gedreht, begleitete der Zuseher die Kaiserin (Bully Herbig) und ihren Franzl (Christian Tramitz) in ihrem heimeligen, aristokratischen Bilderbuchleben.

Der vor allem akustischen Authentizität der Sketche kam zugute, dass Herbig wie ja auch Kaiserin Elisabeth selbst aus Bayern stammt und Tramitz ein – für Deutsche sonst oft nur schwer parodierbares – lupenreines Österreichisch sprach. Kein Wunder, stammt Christian Tramitz doch aus dem Geschlecht der Hörbiger – Paul Hörbiger war sein Großvater.

## Die „morganatische Ehe" des tätowierten Erzherzogs

Thronfolger Franz Ferdinand war unstandesgemäß mit der Gräfin Sophie Chotek verheiratet (danach: Herzogin von Hohenberg), die zwar durchaus adelig, aber eben nicht adelig genug war.

Deswegen
– wurde in einem kleinen Schloss im nordböhmischen Reichstadt unter geringer Teilnahme der Verwandtschaft geheiratet.
– wurde Sophie offiziell nicht als „die künftige Kaiserin-Gemahlin", sondern als die „Gemahlin des künftigen Kaisers" bezeichnet.
– blieb Franz Ferdinand zwar erbberechtigt, seine Söhne hätten aber Hohenberg geheißen und wären von der Thronfolge ausgeschlossen gewesen.
– wurden nach dem Doppelmord an dem Paar zwar beide Leichen nebeneinander aufgebahrt; der Sarg seiner Gemahlin aber um 50 cm tiefer.
– sind beide, da auch die Tore der Kapuzinergruft für seine Frau verschlossen blieben, in der Familiengruft des Schlosses Artstetten in

Niederösterreich beigesetzt, wo sie ein – nach Hofdiktion – „Begräbnis III. Klasse" erhielten.

Bei seinem Tod trug Franz Ferdinand übrigens wie das Ehepaar Vasic, das mit der Abnahme der Totenmaske beauftragt wurde, berichtete, eine Kette mit sieben Amuletten in Gold und Platin um den Hals. Auch seine Frau trug eine Halskette mit verschiedenen Reliquien gegen Krankheit und Missgeschick. Sie blieben offensichtlich wirkungslos. Außerdem war am rechten Oberarm von Franz Ferdinand ein chinesischer Drache eintätowiert.

## —— Zum Ausklang ——

(Fürst) Puntigam: Grüß dich, lieber Gießhübl!
(Baron) Giesshübl: Servus lieber Puntigam! Wie geht's dem Papa?
Puntigam: Noja, es geht …
Giesshübl: Ah fein.
Puntigam: Er war grad in Bayern.
Giesshübl: In München beim Oktoberfest?
Puntigam: Nein, er war bei uns'rer Majestät!
Giesshübl: Aaah! Wos gibt's denn Neues dort?
Puntigam: Große Dinge brau'n sich zam!
Giesshübl: Geh erzähl, das int'ressiert mich sehr!
Puntigam: Schau, wer da hereinkommt!
Giesshübl: Der Hunyadi!
Puntigam: Der war dabei!
Giesshübl: No, da weiß er sicherlich noch mehr.
(Graf) Hunyadi: Kindär, schön, dass ich eich treff' do in där Ädän, weil ich hab mit eich was Wichtiges zu rädän!
Puntigam: Schieß los!
Giesshübl: Naaa?
Hunyadi: Wir ham uns entschlossän, 's muss etwas gäschähn, diesäs Interrägnum hat schon lang genug gedauert!
Giesshübl: Wos füra Interregnum? Um wos tut sich's drehn?
Hunyadi: Unsär gutär Kaisär kommt dsurück!
Giesshübl: Ah!
Puntigam: Verstehst?
Uns hat sehr verdrossen dieser „Status Quo" …
Hunyadi: Unsäreinär hat doch du'ch Gäburt värbriefte Rächtä!
Puntigam: Auf die muss man pochen!
Hunyadi: Jo!
Giesshübl: Bitte wieso?
Puntigam/Hunyadi: Unser guter Kaiser kommt zurück!

PUNTIGAM: So wie bisher geht's nimmer mehr,
selbst die Perser halten sich an Schah!
HUNYADI/GIESSHÜBL: Ja, ja!
PUNTIGAM: Und kommt der auf Staatsbesuch her,
wer ist's, der den Schah empfangen derf?
HUNYADI/GIESSHÜBL: Der Schärf!
PUNTIGAM: Das wird jetzt ganz anders.
HUNYADI: Wi'd auch höchste Zeit!
ALLE: Auf die Dauer kann man ohne uns kein' Staat regieren!
HUNYADI: Lang ham wir gewartät!
GIESSHÜBL: Jetzt ist es soweit:
ALLE: Unser guter Kaiser kommt zurück!
PUNTIGAM: Vor lauter Freude hätt' ma eins beinah vergessen!
GIESSHÜBL: Wos?
PUNTIGAM: Wir kriegen sicher wieder, was wir einst besessen!
GIESSHÜBL/HUNYADI: Ja!
PUNTIGAM: Die Jagd bei Pummerskirchen!
HUNYADI: Den Forst am hohen Geil!
Den Tennisplatz, das Schlössl und das Haus!
PUNTIGAM: Vom Gutsbesitz in Kirchen verkauf ich einen Teil,
da schaut vielleicht a Jaguar heraus!
HUNYADI: Ich krieg noch den Staudamm und das Sägewerk in
Tschenstochau, das Drautal und die Brauerei in Pest!
GIESSHÜBL: Ich verlang ned mehr als unser'n alten kleinen Grund bei
Linz – durch Zufall steht auf diesem jetzt die VOEST ...
PUNTIGAM: Halt, mein lieber Gießhübl!
GIESSHÜBL: Wos denn, lieber Puntigam?
PUNTIGAM: Dieses Grundstück g'hört doch gar ned dir!
GIESSHÜBL: Wieso?
PUNTIGAM: Das kriegt deine Schwester als Mitgift, wenn sie heiratet,
demzufolge g'hört des demnächst mir!
GIESSHÜBL: So sei do ned so habgierig!
HUNYADI: Na bitte, streitet nicht, es stäht doch was Größ'res auf dem
Spiel.
Schaut, zum Beispiel mir gehört der Prater und das Burgenland, doch
ich hab ein ganz ein and'räs Ziel!
PUNTIGAM: Was könnt das sein? Das tät mich wirklich int'ressieren!
HUNYADI: Wi' dü'fen wiedär uns're Odelstitäl führän!
GIESSHÜBL: Stimmt!
HUNYADI: Wenn du einmal ausgähst und empfangen wirst,
wi'd man nicht mehr dänkän:
Dieser Sandler – pardon! – kommt schon wieda.
Alle werden sagän:
„Da kommt är, där Fürst!"
ALLE: Wenn der gute Kaiser kommt zurück ...

GIESSHÜBL: Bin ich im Casino
Und hob kein' Jeton
Muss ich nicht so wie bisher zu Fuß noch Haus marschieren.
Jeder wird glei' sag'n:
„Da ham' S, Herr Baron!"
ALLE: Wenn der gute Kaiser kommt zurück …
PUNTIGAM: Für mein' Wagen fordere ich mir
Gleich eine Regierungsnummer an.
ALLE: Und dann …
PUNTIGAM: Steh'n die Polizisten Spalier
Und dann kann ich parken überall –
GIESSHÜBL/HUNYADI: Schenial!
PUNTIGAM: Gö?
ALLE: Wir wer'n nicht mehr leben
Von der Hand im Mund
Jeder von uns kriegt natürlich gleich Gesandten-Posten!
HUNYADI: Dann sind wir im Ausland.
PUNTIGAM: Und das is a Grund,
ALLE: Dass der gute Kaiser kommt zurück!
PUNTIGAM: Drauf woll' ma was trinken!
ALLE: Dass der gute Kaiser kommt zurück!
HUNYADI: Geh, borg mir 10 Schilling!
ALLE: Bis der gute Kaiser kommt zurück!

(*Unser guter Kaiser kommt zurück* [Die Ottomanen])
M/T: Gerhard Bronner, 1960 – Originalstimmen: Fürst Puntigam – Gerhard Bronner, Baron Gießhübl – Kurt Sobotka, Graf Hunyadi – Helmut Qualtinger

## PS: HABSBURGER HERRSCHAFT, GENAU

Mit dem Sieg König Rudolfs über Ottokar am 26. August 1278 übernahmen die Habsburger die Herrschaft in den österreichischen Ländern. Sie regierten hier die nächsten 640 Jahre, 2 Monate und 16 Tage. Es folgten 24 Generationen aufeinander, mit etwa 400 Personen, die das Erwachsenenalter erreichten.
In der Hauptlinie regierten fünf Herzöge, vier Könige, eine Königin und 18 Kaiser. Ein bis heute ungeschlagener Weltrekord einer Familie.

## HABSBURG FOR DUMMIES

Die Habsburger waren eine – vermutlich – ursprünglich aus dem Elsass stammende Adelsfamilie, die zunächst im gesamten deutschen Sprachraum Landbesitz und Herrscherpositionen errang.

Durch Erbglück und – hauptsächlich – unkriegerische (Heirats-)Politik fielen nach und nach immer mehr auch außerdeutsche Gebiete der Familie zu, bald auch in Übersee. Am Machthöhepunkt der Familie wurden halb Mitteleuropa, Spanien, die Niederlande und Teile Südamerikas von Habsburgern beherrscht.

Im Laufe der Zeit schrumpfte der Herrschaftsbereich jedoch wieder, umfasste zum Ende der Donaumonarchie aber immerhin noch im Wesentlichen das heutige Österreich, Ungarn, Tschechien, Kroatien, die Slowakei, Slowenien sowie Teile Polens, Rumäniens, der Ukraine und Italiens.

Mit dem verlorenen Ersten Weltkrieg endete 1918 die Herrschaft der Habsburger, ihr Reich zerfiel in einzelne Nationalstaaten und sie verloren alle Ämter, Würden und Besitztümer.

Erst der Verzicht auf alle Erbfolgeansprüche und sonstigen Vorrechte ihres Hauses erlaubte den Nachkommen der ehemaligen Herrscher den Aufenthalt im republikanischen Österreich sowie den Besitz eines österreichischen Reisepasses.

Die Spuren der langen Herrschaft finden sich freilich weltweit in Gebäuden, Namen, Sprache und nachwirkenden Gesetzen oder Grenzordnungen.

*Die wichtigsten handelnden Personen:*
(im Buch nicht immer mit Jahreszahlen und Verwandtschaftsbezug genannt)

## HABSBURGER

*Kaiser Friedrich III. (1415–1493)*
Stärkte das Habsburger-Imperium durch pures Überleben.

*Kaiser Maximilian I. (1459–1519)*
Begnadeter Selbstdarsteller, festigte und erweiterte das Reich seines Vaters Friedrich III.

*Kaiser Rudolf II. (1552–1612)*
Zögerlicher, versponnener Eigenbrötler in Prager Wohnburg.

*Kaiser Matthias (1557–1619)*
„Stahl" seinem Bruder Rudolf die Krone, nur um damit in kurzer Regentschaft selbst nicht glücklich zu werden.

*Königin Maria Theresia (1717–1780)*
Umsichtige „Mutter des Reichs".

*Kaiser Franz I. Stephan (1708–1765)*
Mann von Maria Theresia und Stammvater des Hauses Habsburg-Lothringen, überließ das Regieren weitgehend seiner Frau.

*Erzherzogin Maria Antonia/Königin Marie Antoinette (1755–1793)*
Tochter von Maria Theresia und Königin von Frankreich, guillotiniert.

*Kaiser Joseph II. (1741–1790)*
Sohn und nach dem Tod seines Vaters Mitregent von Maria Theresia, viel reisender „Reformkaiser".

*Kaiser Leopold II. (1747–1792)*
Sohn Maria Theresias und eher unwilliger Kurz-Kaiser nach dem Tod seines Bruders Joseph II.

*Kaiser Franz II./I. (1768–1835)*
„Der Gute", Sohn von Leopold II., beendete das Heilige Römische Reich und schuf das österreichische Kaisertum.

*Herzog von Reichstadt (1811–1832)*
Enkel von Franz II./I. und legitimer Sohn von Kaiser Napoleon I.

*Erzherzog Johann (1782–1859)*
Legendärer „Landesvater" der Steiermark, großer Innovator und 1848 kurzzeitig deutscher „Reichsverweser", Bruder von Franz II./I.

*Kaiser Ferdinand I. (1793–1875)*
Sohn von Franz II./I., „Bauernopfer" der Revolution von 1848.

*Erzherzogin Sophie (1805–1872)*
Frau von Erzherzog Franz Karl, des Bruders Kaiser Ferdinands I., und Mutter von Kaiser Franz Joseph I., lange Zeit als „einziger Mann am Hof" bekannt.

*Kaiser Franz Joseph I. (1830–1916)*
Neffe von Ferdinand, längstdienender und vorletzter habsburgischer Kaiser, Mann von Kaiserin Elisabeth, Vater von (u.a.) Kronprinz Rudolf.

*Kaiserin Elisabeth (1837–1898)*
Extravagante bayerische Prinzessin mit Hang zu Reisen und Depressionen.

*Kronprinz Rudolf (1858–1889)*
Verhinderter Wissenschaftler und Revolutionär, sein spektakulärer Doppelselbstmord mit Baronesse Mary Vetsera wurde – neben dem Leben und Sterben seiner Mutter – zu *dem* Habsburger-Mythos der Neuzeit.

*Kronprinzessin Stephanie (1864–1945)*
Belgische Prinzessin und in einer arrangierten Ehe Frau von Erzherzog Rudolf.

*Kaiser Maximilian von Mexiko (1832–1867)*
Eigentlich Erzherzog Maximilian Ferdinand, Bruder von Franz Joseph und tragischer Kurzzeitkaiser Mexikos, hingerichtet in Queretaro.

*Thronfolger Erzherzog Franz Ferdinand (1863–1914)*
Neffe von Franz Joseph (Sohn von dessen Bruder Karl Ludwig), mäßig beliebter Jäger, seine Ermordung löste den Ersten Weltkrieg aus.

*Kaiser Karl I. (1887–1922)*
Neffe von Franz Ferdinand, nach dessen Tod Thronfolger und letzter Kaiser Österreich-Ungarns, sein Verzicht auf politische Macht und sein Exil beendeten 1918 die habsburgische Herrschaft über Österreich. Von Papst Johannes Paul II. im Jahr 2004 selig gesprochen.

*Kaiserin Zita (1892–1989)*
Gemahlin von Karl I. und letzte Kaiserin Österreichs.

*Otto (von) Habsburg(-Lothringen) (\* 1912)*
Sohn von Karl I., letzter ungarischer König und Exil-Kaiser, nach Totalverzicht österreichischer Staatsbürger.

*Karl Habsburg (\* 1961)*
Sohn Ottos, österreichischer Politiker und Privatmann, von Affären und Fettnäpfchen verfolgt.

ANDERE

*Feldmarschall Radetzky (1766–1858)*
Wichtigster und erfolgreichster Heerführer des österreichischen Kaisertums.

*Napoleon (1769–1821)*
Vom korsischen Niemand zum General, zum Diktator, zum Kaiser, zum Verbannten – die unglaubliche Karriere eines kleinwüchsigen Militärs, der das Gesicht Europas für immer veränderte.

*Wappen Kaiser Maximilians I.*

## Zum Wesen der Sammelsurien

Natürlich geht es bei Sammelsurien – oder ähnlich benannten Werken des Bereichs „unnötiges Wissen" – in erster Linie um Unterhaltung. Sonst könnte man sich ja gleich ein Lexikon oder eines der unzähligen Sachbücher, die zu jedem nur erdenklichen Thema existieren, besorgen. Aber dennoch ...
Aber dennoch will es mir so scheinen, als ob das Konzept, ungeordnet „Wissen" aller Art auf den unvorbereiteten Leser zu schütten, einen eigenartigen, irgendwie jedoch tiefgehenden Lerneffekt beinhaltet.
Den Eindruck hatte ich schon lange vor dem Erfolg von *Schotts Sammelsurium*, schon zu einer Zeit, Ende der 80er-Jahre, als noch die *Handbücher des nutzlosen Wissens* von Hanswilhelm Haefs Furore machten, vielleicht auch schon in den 70ern, als ich die „Guinness Bücher der Rekorde" und diverse Bücher und Kolumnen mit Titeln wie „Wussten Sie, dass ..." durchschmökerte.
Der Effekt, den ich meine, ist der, einen „Eindruck" von einem Wissensgebiet oder im Falle von Büchern, die von allem und von nichts handeln, ein „Gefühl" vom Gefüge der Welt zu erhalten, auch wenn das jetzt sehr hochtrabend klingt. Mir ist es jedenfalls zuletzt als Autor dieses Buches so gegangen.
Vor der Recherche und dem Schreiben hatte ich ein nur überblickartiges, (Schul-)Wissen über die Familie Habsburg, über die Geschichte Österreichs und auch Europas. Jetzt, nach der Fertigstellung, bin ich auch kein Geschichtsexperte geworden und kann etwa noch immer nicht alle Kaiser des Heiligen Römischen Reiches und schon gar keine Jahreszahlen von Geburt und Tod diverser Regenten aufsagen.
Aber ich habe ein *Gefühl*, einen *Eindruck* gewonnen, von einem Geschlecht, das 1000 Jahre europäische Geschichte mitbestimmt hat und dessen Herrschaft in so vielfältiger Weise noch heute nachwirkt. Und dieser Eindruck ist eben nicht partiell – politisch, wirtschaftlich, sozial oder kulturell –, wie nach der Lektüre eines dicken Fachbuches zu einem dieser Aspekte, sondern eher universell. Ich habe jetzt einen *emotionalen Gesamteindruck* darüber, was der Name Habsburg eigentlich bedeutet.
Wer weiß, vielleicht verspürt auch der eine oder andere meiner Leser nach knapp 170 Seiten Lektüre diese Art von Lerneffekt.
Oder auch nicht. Aber das wäre auch nicht so schlimm, denn bei einem Sammelsurium geht es ja, siehe oben, in erster Linie um Unterhaltung. Und diese hoffe ich auf jeden Fall geboten zu haben.

*Harald Havas*

# DAS HANDBUCH UNNÜTZEN WISSENS FÜR DEN WIEN-FREAK!

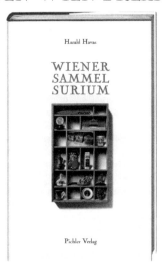

Wissen Sie, wie viel Kilo Pferdeäpfel
die Wiener Fiakerpferde jährlich produzieren?
Welche die 10 beliebtesten Trześniewski-Brötchen sind?

Nein!?

Dann haben Sie genau auf das „Wiener Sammelsurium" gewartet.
Alle Informationen in diesem Buch sind wahr, viele davon interessant,
die meisten aber gleichzeitig ... irrelevant, unnütz.
Harald Havas hat „unnötiges" Wissen zu dieser faszinierenden
Stadt versammelt, er montiert kuriose Auflistungen und
Gemeinplätze, ungewöhnliche Statistiken und seltsame Zitate,
Denkwürdiges und Makabres, wirft „Kraut und Rüben"
nach Herzenslust durcheinander und schafft so ein vergnügliches
Vademekum für den Wien-Freund und Wien-Kenner.

160 Seiten; 11,5 x 18,5 cm; zahlreiche SW-Illustrationen
ISBN 3-85431-375-6
€ 16,90/SFR 30,10

*Pichler Verlag*

# Wiener Sammelsurium – Das Spiel

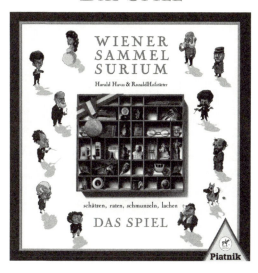

Haben Sie über dieses Buch geschmunzelt oder sogar herzhaft gelacht?
Vergönnen Sie sich dieses Vergnügen
auch in einer geselligen Spielrunde mit Ihren Freunden!

„Wiener Sammelsurium – Das Spiel"
ist ein interessantes, verblüffendes und ungewöhnliches Quizspiel
für alle Menschen mit Sinn für Humor und Interesse an kuriosem
Wissen über Wien. Mit Schmunzeln und einem Augenzwinkern
werden Sie und Ihre Mitspieler sich durch das Spiel schätzen,
raten und bluffen.

Doch Achtung:
Wer „Wiener Sammelsurium – Das Spiel" gewinnen will,
muss ein ziemlicher Schlawiner sein …

*Informationen unter: www.wienersammelsurium.at
www.piatnik.com*

BILD- UND QUELLENNACHWEIS

akg-images, Berlin: Umschlagbild (Trauerfeierlichkeiten für Kaiser Karl V. 1558, Detail)
Kunsthistorisches Museum Wien: 93
Grafische Sammlung des Benediktinerstifts St. Paul im Lavanttal: 97
Sammlungen Peter Pleyel: 146
Zeichnungen Peter Pleyel: 63, 76, 110, 160 (unten)
Österreichs Hort. (Wien 1908): 1, 51, 67 (oben), 84, 98/99, 163
Bildarchiv der Österreichischen Nationalbibliothek: 2 (Codex 7892), Umschlag hinten bzw. 8 (Früher Druck des 16. Jahrhunderts)
Bildarchiv Preußischer Kulturbesitz: 72, 126
Österreichische Nationalbibliothek: 37, 41, 53
Sammlung Dr. Ingrid Hänsel: 10, 59, 86, 139, 152
Sammlung Harald Havas: 48
Sammlung Sachslehner: 90
Daheim (Familienzeitschrift), 8. Jg., 1872: 13
Marquis de Leuville, The Murdered Empress. Sympathy (London 1898): 19, 132
Marquard Herrgott, Sigilla & Insigna (Wien 1750): 30, 67 (unten), 137, 155
Dorotheum GmbH & CoKG (aus dem Katalog zur Auktion vom 26. April 2005): 55 (Position Nr. 67), 80 (Position 59)
Magdalena Hawlik – van de Water, Wien: 79 (Sarkophag Kaiser Karls VI. von Nikolaus Moll)
Stadtgemeinde Grein: 103
ARTOTHEK München: 105 (Wappenbuch der Bruderschaft von St. Christoph am Arlberg, um 1380)
Foto H. D. Rauch, Wien: 149 (aus: Clara Semple, A Silver Legend. The Story of the Maria Theresa Thaler, London 2005)
Archiv Pichler Verlag: 94, 164

Abbildung der Spielkarten auf den Seiten 21, 22, 24, 70, 115, 124, 131 und 160 mit freundlicher Genehmigung der Wiener Spielkartenfabrik Ferd. Piatnik & Söhne.
Abbildung S. 29 aus dem Band „Lady Oscar – Die Rosen von Versailles" mit freundlicher Genehmigung von Carlsen Verlag GmbH, © 2003 (© Riyoko Ikeda, originally published in Japan in 1987 by CHUOKORON-SHINSHA, Inc., Tokyo)
Abdruck des Textausschnitts von „Unser guter Kaiser kommt zurück"
mit freundlicher Genehmigung von Gerhard Bronner, Wien.

IMPRESSUM

ISBN-10: 3-85431-400-0
ISBN-13: 978-3-85431-400-4

© 2006 by Pichler Verlag in der Verlagsgruppe Styria GmbH & Co KG
Wien–Graz–Klagenfurt
Alle Rechte vorbehalten
www.pichlerverlag.at

Fotoredaktion und Bildtexte: Johannes Sachslehner
Umschlaggestaltung: Bruno Wegscheider
Buchgestaltung und Satz: Franz Hanns, Wien

Reproduktion: Pixelstorm, Wien
Druck und Bindung: Druckerei Theiss GmbH, A-9431 St. Stefan
Printed in Austria

# Wiener Sammelsurium – Das Spiel

Haben Sie über dieses Buch geschmunzelt oder sogar herzhaft gelacht?
Vergönnen Sie sich dieses Vergnügen
auch in einer geselligen Spielrunde mit Ihren Freunden!

„Wiener Sammelsurium – Das Spiel"
ist ein interessantes, verblüffendes und ungewöhnliches Quizspiel
für alle Menschen mit Sinn für Humor und Interesse an kuriosem
Wissen über Wien. Mit Schmunzeln und einem Augenzwinkern
werden Sie und Ihre Mitspieler sich durch das Spiel schätzen,
raten und bluffen.

Doch Achtung:
Wer „Wiener Sammelsurium – Das Spiel" gewinnen will,
muss ein ziemlicher Schlawiner sein …

*Informationen unter: www.wienersammelsurium.at*
*www.piatnik.com*

BILD- UND QUELLENNACHWEIS

akg-images, Berlin: Umschlagbild (Trauerfeierlichkeiten für Kaiser Karl V. 1558, Detail)
Kunsthistorisches Museum Wien: 93
Grafische Sammlung des Benediktinerstifts St. Paul im Lavanttal: 97
Sammlung Peter Pleyel: 146
Zeichnungen Peter Pleyel: 63, 76, 110, 160 (unten)
Österreichs Hort. (Wien 1908): 1, 51, 67 (oben), 84, 98/99, 163
Bildarchiv der Österreichischen Nationalbibliothek: 2 (Codex 7892), Umschlag hinten bzw. 8 (Früher Druck des 16. Jahrhunderts)
Bildarchiv Preußischer Kulturbesitz: 72, 126
Österreichische Nationalbibliothek: 37, 41, 53
Sammlung Dr. Ingrid Hänsel: 10, 59, 86, 139, 152
Sammlung Harald Havas: 48
Sammlung Sachslehner: 90
Daheim (Familienzeitschrift), 8. Jg., 1872: 13
Marquis de Leuville, The Murdered Empress. Sympathy (London 1898): 19, 132
Marquard Herrgott, Sigilla & Insigna (Wien 1750): 30, 67 (unten), 137, 155
Dorotheum GmbH & CoKG (aus dem Katalog zur Auktion vom 26. April 2005): 55 (Position Nr. 67), 80 (Position 59)
Magdalena Hawlik – van de Water, Wien: 79 (Sarkophag Kaiser Karls VI. von Nikolaus Moll)
Stadtgemeinde Grein: 103
ARTOTHEK München: 105 (Wappenbuch der Bruderschaft von St. Christoph am Arlberg, um 1380)
Foto H. D. Rauch, Wien: 149 (aus: Clara Semple, A Silver Legend. The Story of the Maria Theresa Thaler, London 2005)
Archiv Pichler Verlag: 94, 164

Abbildung der Spielkarten auf den Seiten 21, 22, 24, 70, 115, 124, 131 und 160 mit freundlicher Genehmigung der Wiener Spielkartenfabrik Ferd. Piatnik & Söhne.
Abbildung S. 29 aus dem Band „Lady Oscar – Die Rosen von Versailles" mit freundlicher Genehmigung von Carlsen Verlag GmbH, © 2003 (© Riyoko Ikeda, originally published in Japan in 1987 by CHUOKORON-SHINSHA, Inc., Tokyo)
Abdruck des Textausschnitts von „Unser guter Kaiser kommt zurück"
mit freundlicher Genehmigung von Gerhard Bronner, Wien.


IMPRESSUM

ISBN-10: 3-85431-400-0
ISBN-13: 978-3-85431-400-4

© 2006 by Pichler Verlag in der Verlagsgruppe Styria GmbH & Co KG
Wien–Graz–Klagenfurt
Alle Rechte vorbehalten
www.pichlerverlag.at

Fotoredaktion und Bildtexte: Johannes Sachslehner
Umschlaggestaltung: Bruno Wegscheider
Buchgestaltung und Satz: Franz Hanns, Wien

Reproduktion: Pixelstorm, Wien
Druck und Bindung: Druckerei Theiss GmbH, A-9431 St. Stefan
Printed in Austria